REFLEXIONS

CRITIQUES

SUR

LES DIFFÉRENTES ÉCOLES

DE PEINTURE.

nam longè præstat in arte,
Et solertius est multò genus omne virile. Luc. v.

A PARIS,

Chez {
ROLLIN, Quai des Auguſtins.
GRANGE', au Palais.
BAUCHE Fils, Quai des Auguſtins.
}

M. DCC, LII.

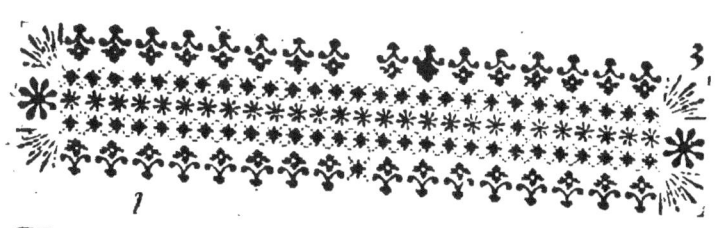

RÉFLEXIONS
CRITIQUES
SUR
LES DIFFÉRENTES ÉCOLES
DE PEINTURE.

§. I.

Deſſein de cet Ouvrage.

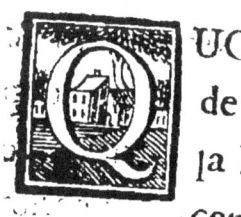UOIQUE nous ayons pluſieurs de nos Auteurs, qui ont écrit ſur la Peinture, ils font connoître cependant d'une maniere aſſez foible, le mérite de nos Peintres François. Lorſque Félibien écrivit ſon Ouvrage, à peine la France avoit-elle eu le quart des

grands Peintres, qui y ont brillé dans la fuite : on peut dire la même chofe du Livre de M. de Pilles, que de celui de Félibien ; toutes les Brochures qu'on a publiées dans ces derniers tems fur l'expofition des Tableaux, ne donnent qu'une idée affez foible du mérite de nos Peintres vivans. Quelques-unes même de ces Brochures, font plutôt des fatires que des réflexions éclairées.

On a publié il y a quelques années, une nouvelle Vie des Peintres ; elle eft écrite avec beaucoup de fageffe ; elle contient bien des chofes inftructives ; mais elle ne met point affez nos Peintres François en paralléle avec les Italiens & les Flamans, pour qu'on puiffe d'un coup d'œil juger de l'égalité de leur mérite avec leurs Rivaux, & peut-être de leur fupériorité en plufieurs chofes : le prix de ce Livre eft d'ailleurs trop confidérable, pour qu'il foit généralement répandu. Plu-

fieurs bons Citoyens, jaloux de la gloire de
leur païs, qui entendent fans ceffe louer
les Peintres Italiens & Flamans, non-feulement par les Étrangers, mais par un
grand nombre de leur Compatriotes, qui
ne font que les échos de ces mêmes Etrangers, ne favent pas qu'il y a en France
des Artiftes qu'on peut oppofer à ceux
qu'ils vantent, dans le deffein quelquefois de déprimer & d'abaiffer indirec-
tement ceux qui ont vécu, & qui vivent
encore en France. J'ai fouvent été le té-
moin de cette efpéce d'affront fait à ma Patrie ; &, quoique je fois convaincu que ce
n'eft pas à un homme, dont les talens font
auffi médiocres que les miens, à vouloir
contribuer à fa gloire, je ne laifferai pas
cependant d'ofer entreprendre ce qu'il feroit à fouhaiter qu'une meilleure plume, &
moins novice que la mienne, voulut exécuter. Je n'ay, pour plaire à mes Lecteurs,
d'autres reffources à efpérer, que celles que

A iij

donne la défenfe d'une bonne caufe , qui
peut bien plus fur les ofprits qui aiment la
vérité , que l'indignation fur laquelle Ju-
venal fondoit la réuffite de fes fatires :
Si natura negat , facit indignatio verfum.

---

§. I I.

*Jaloufie des Italiens contre les Pein-
tres François.*

L Es Italiens ont été nos maîtres dans
les Arts ; c'eft à eux que l'on doit ,
après plufieurs fiécles de barbarie , le re-
nouvelle ment des Sciences , ainfi que de
la Peinture , de la Sculpture & de la Mufique. Les Sciences prirent beaucoup plutôt racine en France , que les Arts. Nous
avions déja eu les Amiot , les de Thou ,
les Malherbe , les Montaigne , écrivains,
dont les noms , dans des genres bien différens , iront à l'immortalité , que nous n'a-

vions pas un feul Artifte d'une grande dif-
tinction. Nous eûmes de la peine en France, pendant affez long-tems, à produire des
Peintres, qui pûffent approcher de ceux,
qui, répandus dans toute l'Italie, y avoient
fondé diverfes Écoles célebres, & illuftré
par-là toutes les grandes Villes. Rome avoit
eu les Raphaël, les Michel-Ange, les André
del Sarto, les Jule-Romain ; Venife, les
Titien, les Tentoret, les Paul Veronefe ; Modéne, les Corége. Boulogne, les
Carrache, les Guide, les Dominicain, qu'à
peine avions-nous en France le feul Vouet.
Mais peu de tems après, on vit fortir de
l'école de ce François, qui avoit été puifer
fes connoiffances en Italie, un effain de
Peintres fameux, qui pafferont à la poftérité la plus reculée, & qui prouveront à
cette même poftérité, que la France fous
les régnes de Louis XIV. & de Louis XV.
l'emporte fur toutes les autres Nations, par
les Arts, ainfi que par les Sciences. Les

mêmes tems qui produifirent les Corneille, les Racine, les Defpréaux, les Moliére, les Quinaut, les la Fontaine, les
Gaffendi, les Defcartes, les Pétau, les
Sirmond, les Bourdaloue, les Maffillon,
les Thomaffin, les Vertot & les Mabillon,
formérent les le Sueur, les le Brun, les
Bourdon, les Mignard, les Pouffin, les
Valentin, les Blanchard, les Boulogne,
les la Foffe, les Jouvenet, les Coypel,
les Santére, les de Troie, les Rigaud,
les Largiliére, & dans les tems où les Cré-
billon, les Piron, les Duché, les Pre-
vôt, les Mairan, les Fontenelle, les Bu-
fon, les d'Aremberg, les la Condamine,
les Raynal, les du Renel, les Falconet,
les Freron & le Sainte-Palaie illuftrent leur
patrie, on voit les Vanloo, les Caze, les
Reftou, les Boucher, les Natoire, les
Toqué, les Pierres, & les la Tour.

Il n'eft pas étonnant que ce nombre
d'excellens Peintres François, qui fe font

fuccédés les uns aux autres , & dont la plus grande partie ont été Contemporains, ayent excité la jaloufie des Italiens & des autres Nations ; des Italiens , puifqu'ils ceffoient d'être les feuls illuftrés par la Peinture ; & des autres Nations , parce qu'elles voyoient augmenter la gloire de cette France qu'elles jaloufent fi fort.

On ne doit donc faire aucun cas de l'af-fectation que témoignent en toutes les oc-cafions les Italiens, de méprifer nos Pein-tres , & de parler des leurs avec exagé-ration, en employant les fuperlatifs, qu'ils placent fans ceffe , lorfqu'il s'agit de louer quelque chofe qui a rapport à leur Patrie ; il faut regarder tous ces difcours comme dictés, non-feulement par le préjugé, mais encore par l'envie ; vice, qui doit faire re-fufer toute croyance à quiconque en eft atteint.

L'on dira peut-être que les Anglois, les Allemans & les Efpagnols , donnent dans

toutes les occasions la préférence aux Peintres Italiens sur les François; je réponds à
cela, qu'ils sont beaucoup moins jaloux
de la gloire des Italiens, que de celle des
François. Les Vénitiens & les Boulonois
ne disputent point aux Anglois le Com-
merce du Levant & celui de l'Amérique;
ils n'ont point enlevé plusieurs Provinces
aux Autrichiens. Quiconque connoît le
cœur humain, sçait qu'en voilà trois fois
plus qu'il ne faut pour qu'un Anglois &
qu'un Autrichien, non-seulement souhai-
tent que l'Italien fasse mieux que le François, mais se persuadent qu'il a nullement
mieux fait. Combien peu d'hommes y a-
t'il qui s'élevent au-dessus des préjugés de
leur Nation, & qui rendent justice au mérite d'une autre, ennemie de la leur! On
imprime tous les jours à Londres, que les
François n'ont pas le sens commun. L'on
traite quelquefois aussi mal les Anglois à
Paris; & ces Livres, quelques ridicules

qu'ils soient, ne sont pas ceux, qui dans le gros des deux Nations, ont le moins de Partisans. Moliére, dans son genre, vaut Raphaël dans le sien. Avec quel mépris n'en ont pas parlé plusieurs Poëtes Anglois? Et que n'a-t'on pas dit, & que ne dit-on pas encore tous les jours en France, de deux célébres Philosophes Anglois, peut-être les plus grands que le monde ait eu? Ne prenons donc jamais pour juge d'une Nation, une autre qui soit jalouse de sa gloire.

L'on objectera encore, pour établir la supériorité des Peintres Italiens, par la voie de l'autorité, que les Espagnols, les Saxons, les Prussiens & plusieurs autres Nations, amies aujourd'hui de la France, donnent la préférence aux Peintres Italiens sur les Peintres François; cela ne fait encore rien contre la cause de ces derniers. Car il en est de toutes les réputations des Artistes Italiens, ainsi que de

celle de l'antiquité *è longinquo reverencia* :
nous conſervons certaines idées qui nous
ſont venues de nos peres , avec une eſpéce
de zèle , qui ne nous permet pas de conſi-
dérer , s'ils ne ſe ſont point trompés , & ſi
nous ne nous trompons pas, en les ſuivant.
C'eſt ainſi que tant de gens , qui n'ont jamais lû Homére , mais qui ſavent qu'il y
a plus de deux mille ans qu'il a le titre de
Divin , ſe figurent non–ſeulement qu'il ne
ſauroit être égalé , mais qu'il n'y a aucun
défaut dans ſes Ouvrages. Les Eſpagnols ,
les Saxons , les Peuples du Nord ont entendu dire pendant cent-cinquante ans ,
que les Italiens étoient les plus grands
Peintres du monde : ils diront peut-être
encore quatre cens ans la même choſe ,
quand même il y auroit des Peintres , dont
ils verroient les Ouvrages bien ſupérieurs
à ceux des Italiens.

Il n'y a pas un Profeſſeur Allemand ,
dans les Univerſités, qui ne penſe que Mo-

liére eſt bien inférieur à Ariſtophane, &
qu'il eſt très-éloigné de ce ſel Attique, qu'on
trouve dans le Poëte Grec. Et pourquoi
ſeroit-il moins enchanté de ce ſel Attique,
qu'un de nos plus beaux eſprits (c'eſt Mon-
ſieur de Racine) qui, à l'occaſion de ce
même ſel, a pouſſé le préjugé juſqu'au
point de croire, que les Athéniens, ainſi
que les autres Peuples, ne pouvoient pas
rire quelquefois d'une ſotiſe. Apprenons
donc que les louanges qui ſont données
pendant une longue ſuite d'années, peuvent bien prouver que l'objet ſur lequel
elles ſont tombées, étoit louable ; mais non
pas qu'il étoit plus louable qu'un autre, qui,
n'ayant pas été ſi loué, parce qu'il n'a pas
été ſi connu, mérite cependant autant de
l'être.

J'ajoûterai à ce que je viens de dire,
qu'il paroît que bien des Nations étrangé-
res reviennent du préjugé où elles étoient,
que les Italiens avoient produits les ſeuls

grands Peintres : elles commencent à rendre juſtice aux François ; & ſi elles con-
ſervent encore une trop grande prévention en faveur des anciens Artiſtes Italiens , il eſt certain qu'on ne ſauroit leur
faire ce reproche , quant à ce qui regarde
les modernes ; car elles ſont très-perſuadées
que les Italiens n'ont plus que des Peintres médiocres ; & la preuve qu'ils ſont
convaincus de cette vérité , c'eſt que tous
les Peintres attachés aux différens Souverains de ces Païs , ſont tous François. Sil-
veſtre , eſt le premier Peintre du Roi de
Pologne ; Vanloo du Roi d'Eſpagne ; Peſne,
du Roi de Pruſſe : ce Prince dans lequel
l'Europe étonnée, admire également le Roi,
le Conquérant & le Philoſophe, & qui,
à l'art de regner , joint les connoiſſances
les plus ſublimes & le goût le plus épuré ,
a montré ſon inclination pour nos Peintres François : les ſuperbes Bâtimens qu'il
a fait conſtruire , dignes de la grandeur des

Romains, ne font remplis que des Ouvrages de nos Boulogne, de nos Caze,
de nos Coypel, de nos de Troie, de nos
Chardin, de nos Rigaud, de nos Largiliére, de nos Wateau & de nos Vanloo.

§. I I I.

Des préjugés de certains Connoiffeurs François.

LORSQUE les Italiens veulent prouver
la fupériorité de leurs Peintres fur les
François, ils citent le fentiment de ceux
qu'ils nomment Connoiffeurs ; ils font
beaucoup valoir, avec quelque apparen-
ce de raifon, l'aveu de quelques-uns de nos
François, qui parlent des Peintres Italiens,
avec le même enthoufiafme que de leurs
Compatriotes. Quand on fait quelque attention à cette objection, on en reconnoît
d'abord le foible ; & je crois qu'il eft très-

aifé de le démontrer par trois raifons ;
examinons d'abord la premiére.

Il y a en France, comme par-tout ailleurs, des gens qui fon partifans fi outrés
de l'antiquité, que rien n'eſt beau, felon
eux, que ce qui n'a point été fait dans leur
fiécle ; il eſt donc naturel que ces gens
donnent la préférence aux anciens Peintres Italiens, qui font, eu égard à nos Peintres François, ce que les Grecs & les La-
tins font à nos Orateurs & nos Poëtes.
Puiſqu'il ne nous reſte plus rien des anciens Peintres de la Gréce & de Rome ; *
les jugemens de femblables gens, quelques connoiſſeurs qu'ils foient, ne font

---

* Il ne nous reſte pour monumens de la Peinture ancienne que quelques fragmiens à *Hercula-
neum*, & les bas reliefs appellés la *Nôce Aldo-
brandine* : ces Peintures font fans perfpective &
fans couleur. Voyez une Brochure fur la Peinture, fort bien écrite, & dans laquelle on a
placé plufieurs gravûres des Tableaux de *Hercu-
laneum*.

pas

pas d'un plus grand poids pour un homme qui cherche la vérité, que les longs rai-fonnemens de Madame Dacier, pour ex-cufer tous les défauts d'Homére, & ceux de fon mari, pour rendre fublime un Vers d'Horace, dans lequel il n'y aura qu'une penfée très-fimple.

Je viens à la feconde raifon. Il y a bien des gens qui méprifent nos Peintres François, qui ne font que de prétendus connoiffeurs, dont toute la fcience con-fifte à répéter mot à mot ce qu'ils ont entendu dire à quelques perfonnes, qu'ils fe figurent entendre parfaitement l'art dont ils parlent; & qui peut-être le fça-vent auffi peu, que ceux qui les écoutent. Quel fondement peut-on faire fur la dé-cifion de pareils Connoiffeurs? Cependant on ne peut pas dire, combien le nombre en eft confidérable. Dans toute forte d'é-tat, dans toute forte de profeffion, il y a des gens qui veulent décider du mérite des

plus grands Peintres, & qui font auffi peu
en état d'en juger, que le feroit un homme qui voudroit traduire Perfe, & qui,
à peine entendroit le latin du Nouveau
Teftament. Si on donnoit un crayon à
ces gens-là, à peine fçauroient-il deffiner
un œil ; cependant, à les ouir, ils apper-
çoivent des corrections dans les Tableaux des plus grands Peintres François.
Ce qu'il y a de furprenant, c'eft que parmi
les gens qui décident fi hardiment fur un
Art, dont ils ont à peine les premiers
principes, on voit des perfonnes qui ont
pour d'autres Sciences des talens diftingués. La paffion de paffer pour être uni-
verfels, les fait donner dans ce ridicule :
ils font, il eft vrai, illufion à quelques
ignorans, en parlant du pinceau du Corége, des contours du Carache, de la couleur du Titien, du faire de Paul Veronefe ;
mais quand ils ont débité ces phrafes, &
qu'un vrai Connoiffeur paroît, le *mafque*

tombe. *l'ignorant refte, & le fçavant
s'évanouit.* Je pourrois ici (fi je ne m'étois
défendu en commençant cet Ouvrage tout
ce qui a l'air de fatyre) nommer quelques-uns de nos Auteurs, qui ont affecté
dans leurs Ouvrages de placer quatre ou
cinq comparaifons prifes de l'Art des Peintres, pour que leurs Lecteurs les cruffent
fort profond dans le même Art.

Je paffe à la troifiéme raifon. Parmi
les Gens riches qui forment des Cabinets,
il y en a plufieurs qu'on pourroit compa-
rer aux principaux Chefs des Eunuques du
Grand Seigneur. Ces hommes, à qui les
femmes ne font d'aucune utilité, ont cependant des Sérails nombreux ; ils font
venir à grand frais du fond du Royaume
de Vifapour, des Efclaves qui leur cou-
tent fort cher, & dans lefquelles ils ne
connoiffent d'autre mérite que le prix
confidérable qu'ils en donnent. Combien
voit-on en Angleterre de prétendus con-

noiffeurs, qui n'eftiment un Tableau que
par le prix qu'il leur coute ; ils laiffent
acheter les Ouvrages des Boucher, des
Vanloo, à de fages amateurs, qui connoiffent également & le mérite des Tableaux, & le prix de l'argent. Quant à
eux, ils prennent l'or à pleine main pour
placer dans leur Cabinet un vieux Tableau du Perugin ou de Jules Romain ;
ils admirent la molleffe du premier, & la
couleur enchantereffe du dernier.

§. IV.

De l'Académie de Peinture établie à Rome par M. de Colbert.

LEs Etrangers, & furtout les Italiens,
fe figurent que, parce que nous en-
voyons quelques-uns de nos jeunes gens
étudier à Rome, ils font en droit de foutenir, que l'on ne peut devenir grand Pein-

tre que chez eux, puifque nous allons,
nous qui prétendons être leur rivaux, apprendre notre métier dans leur Pays. Ce
raifonnement pouvoit être fort bon il y
à foixante & dix ans; mais il n'a aucun
fondement aujourd'hui. Lorfque M. de
Colbert établit notre Académie de Peinture à Rome, nous n'avions eu encore
qu'un très-petit nombre de bons Peintres ;
il falloit exciter l'émulation des jeunes
gens; l'établiffement de M. de Colbert
étoit donc néceffaire. Dans la fuite, la
France ayant eu d'auffi grands Peintres
que l'Italie & en auffi grand nombre,
il n'a plus été de la même utilité. Nous
avons des antiques à Paris fi parfaitement
moulées, que nous pouvons deffiner avec
autant de profit les plus belles figures,
que dans le Belveder. Quant à la couleur,
Paris offre des moyens de s'y perfectionner bien au-deffus de ceux qu'on peut
avoir à Rome. La Galerie de Rubens,

trésor immense pour le coloris, est ouverte à tous nos Peintres ; nos Cabinets sont remplis de Rimbrant & des Vandeck. Les Salons, où l'on vient d'exposer une petite partie des Tableaux du Roi, pour l'utilité des Artistes & le plaisir des Connoisseurs, abondent en Titien, en Paul Veronese, en Corége. M. le Duc d'Orléans est possesseur des plus beaux Tableaux de Chevalet, qu'ait fait ce dernier Peintre. A ces Artistes étrangers, ajoutons les Ouvrages de nos Blanchart & de nos de Troie, de nos Largiliere, de nos Lemoine ; & nous verrons que nous avons autant de moyen, pour bien colorier à Paris, qu'en ont les jeunes gens qui vont à Rome pour se gâter & pour prendre un goût de brique dans les Tableaux & dans les Fresques nombreuses de Jules Romain, dans les Tableaux noirs du Carache, dans les Ouvrages couleur de cendre de Michel-Ange & de Daniel de Volterre, enfin dans le goût foible & grisâtre de presque tous les Peintres de l'Ecole Romaine, si l'on en excepte Carle-Marate.

Il y a une raison sans replique, pour prouver que nos Peintres n'ont point besoin d'aller chercher ailleurs la perfection de leur Art. Nos meilleurs Artistes, à l'exception de deux ou trois, ne furent point à Rome ; le Sueur, Jouvenet, Fontaine, de Troie, Rigaud, Largiliere, Caze, ne sortirent point de Paris : le Moine n'a jamais travaillé en Italie , & le voyage qu'il fit de trente ou quarante jours dans ce pays, fût plutôt pour se convaincre de son mérite, que pour augmenter ses connoissances. Je suis bien persuadé qu'en voyant les Tableaux des plus grands Maîtres d'Italie , il dût dire souvent en lui-même , l'*anche io son pittore ,* du Corrége. Il faut donc convenir qu'on peut être un très-grand Peintre, sans devoir rien aux Italiens. On répondra peut-être, que si les

Peintres François, dont je parle, avoien
vû Rome, ils auroient encore été plus
loin qu'ils n'ont été ; c'est de quoi je ne
conviens point, parce qu'ils n'auroient eu
aucun moyen de plus pour mieux dessiner
& mieux colorier, comme je viens de le
prouver ; & quant à ce qui regarde la
sagesse de la composition, l'effet du clair-
obscur, le costume, ils y ont plus excellé
que n'ont fait presque tous les Peintres
Italiens, dont ils auroient pu voir les Ouvrages.

Pour prouver qu'un grand Peintre
François, qui étudie longtems à Rome,
l'emporte sur un grand Peintre François
qui ne sort jamais de Paris, il faudroit
montrer qu'il y a eu parmi les grands
Peintres, qui ont été à Rome, un Artiste
supérieur à tous ceux qui n'y ont point
été : or, non seulement on ne sçauroit
prouver cela, mais la chose est arrivée
tout au contraire ; car, en me contentant,

pour ne pas faire un trop long parallele, de choifir parmi les Peintres qui ont étudié en Italie, celui qui a le plus de réputation. Je veux parler de le Brun; je le trouve inférieur à le Sueur, qui n'eſt jamais forti de Paris; & il faut obſerver que la choſe, où le Sueur eſt ſupérieur à le Brun, eſt préciſément celle qu'on va le plus chercher à Rome, c'eſt l'élégance du deſſein; tout homme qui ſe connoît, ſçait combien les Figures de le Sueur ſont plus ſveltes & plus finement deſſinées que celles de le Brun.

On demandera pourquoi, ſi l'Académie de Rome eſt ſi peu utile aujourd'hui, on la laiſſe cependant ſubſiſter? Je répons à cela qu'elle eſt utile a encourager les jeunes gens, par la diſtinction qui eſt attachée à ceux qui ſont envoyés, & par l'aiſance qu'elle leur donne pour travailler ſous un excellent Directeur, ſans être occupé du ſoin de leur entretien, qui ſouvent les

oblige à précipiter leur travail. Quand
un jeune Artiste a besoin d'argent pour sa
nourriture , comment peut-il donner à
finir ses Ouvrages tout le tems qu'ils de-
mandent ?

La gloire du Roi & de la Nation est
encore attachée à conserver un établisse-
ment, qui prouve sans cesse à toute l'Europe , les soins que Louis le Grand prit,
pour porter dans son Royaume les Arts
dans leur point de perfection, & qui fournit
aujourd'hui aux Romains, par les excellens
Hommes qu'on met à la tête de cette Académie , & par les célébres Sujets qu'elle
forme , un moyen pour retrouver chez les
François , ce qu'ils leur ont donné autrefois. C'est ainsi que , pendant que le sieur
Bouchardon a été à Rome, il a pû montrer
à ce nombre de Sculpteurs Italiens qui lui
sont si inférieurs, l'art de rapprocher du
mérite de Michel-Ange , dont ils se sont
si fort éloignés. C'est encore ainsi que

M. de Troie peut suppléer au défaut total de grands Peintres Italiens, réparer la perte de Solimaine & de Carle-Marate, qui semblent avoir emporté avec eux dans le tombeau un Art, qui fût jadis poussé à un si haut dégré de perfection dans leur Patrie.

§. V.

Jugemens de quelques-uns de nos Peintres sur les Peintres Italiens.

L'OBJECTION la plus apparente que fassent les Italiens, pour prouver la grande supériorité de leurs Peintres sur les nôtres, c'est les louanges excessives de quelques-uns de nos Artistes, en faveur de ceux que produit l'Italie. Non seulement ils ne se contentent pas de louer les Peintres, & de rendre à leur mérite ce qui leur est dû, mais ils affectent dans toutes les occasions de les élever aux dépens de leurs Compatriotes. Une partie de ces François si prévenus en faveur de l'Italie, & si peu attentifs à chercher tout ce qui peut relever la gloire de leur Patrie, sont sans s'en appercevoir les dupes de leur préjugé. M. de Pilles, ce sage connoisseur, dont le nom seul fait l'éloge, s'est bien apperçu de cette prévention dangereuse, que prennent les jeunes gens en faveur des Ecoles où ils ont été instruits, ensorte qu'ils ne voyent pas, non seulement les défauts de cette Ecole, mais qu'ils ne prisent ou qu'ils ne sentent point les beautés des autres. Voilà ce qui arrive précisément à quelques-uns de nos Peintres, qui, ayant passé leur jeunesse à Rome, se sont si fort prévenus en faveur des Peintres Romains, qu'ils ne regardent les Ouvrages des autres qu'avec une prévention qui, leur en dérobe les beautés les plus sensibles. Il en arrive de même à tous les hommes,

qui ne regardent les chofes qu'à travers
le voile du préjugé : écoutons parler M.
de Pilles : fon autorité mettra ce que je
dis hors de doute. *C'eft l'imitation & la*
fenfation parfaite, qui fait l'effentiel de la
Peinture, elle vient du deffein & du colo-
ris : & fi Raphael & les habiles de fon tems
n'ont eu cette derniere partie qu'imparfai-
tement, l'idée de l'effence de la Peinture
qui vient de leurs Ouvrages doit être impar-
faite, auffi bien que celle qui s'eft intro-
duite fucceffivement dans l'efprit de quel-
ques perfonnes, d'ailleurs même très-éclai-
res ; les Ouvrages du Titien & des autres
Peintres qui ont mis au jour leurs Penfées
à la faveur d'une fidéle imitation, devroient,
ce femble, avoir détruit les mauvais reftes
dont nous parlons, & avoir redreffé les idées,
felon que la nature & la raifon l'exige d'un
efprit jufte. Mais comme la Jeuneffe, ainfi
que nous l'avons dit, n'apporte de Rome à
Venife qu'un efprit prévenu, elle n'y voit

que comme en paſſant les beaux Ouvrages qui pourroient lui donner une juſte idée, bien loin d'y contraſter une habitude du bon coloris, qui feroit valoir les études qu'elle auroit faites à Rome, & qui la rendroit irréprochable ſur toutes les parties de ſa Profeſſion. Voilà préciſément la conduite que pluſieurs de nos Peintres tiennent en revenant de Rome à Paris.

Outre le préjugé, l'amour propre, qui eſt encore plus fort chez les Artiſtes & les gens de Lettres que chez les autres hommes, eſt un puiſſant motif, pour engager pluſieurs Peintres François à louer les Italiens aux dépens de leurs Compatriotes. Les Tableaux des Peintres François ſont répandus dans nos Egliſes, dans nos Hôtels, dans nos Maiſons ; ceux des grands Peintres Italiens, ſont ſeulement dans quelques Cabinets. Les Artiſtes vivans à Paris, craignent rarement le parallele de leurs Ouvrages avec les Ouvrages des

Italiens ; au lieu que les Tableaux qu'ils font, soit pour les Eglises, soit pour les Appartemens des Particuliers, sont à côté de ceux de le Moine, de Jouvenet, de Boulogne, de Coipel, de Caze. Les Peintres François, qui louent beaucoup les Tableaux de ces habiles gens, croyent en quelque façon déprimer les leurs ; & qu'on ne dise pas que les gens qui ont du mérite sont exempts de cette basse jalousie ; on ne voit que trop, à la honte de l'esprit & du cœur humain, que les plus grands Hommes cherchent à déprimer les talens dans ceux qu'ils croyent dignes d'être leur rivaux : citons-en un seul exemple connu de tout le monde, & qui convient parfaitement au sujet dont nous parlons. Y a-t'il quelqu'un qui pense, que l'on auroit pû sur le mérite de le Sueur consulter judicieusement le Brun? & que s'il avoit été question de décider des talens de le Sueur ou de ceux de quelque grand

Artifte François, le jugement qu'en eut prononcé le Brun eut été équitable ? Tout homme qui connoît l'Hiftoire de la Peinture, fçait combien peu de fond on auroit dû faire fur la décifion de ce Peintre ; cependant y eut-il jamais un plus grand connoiffeur que lui ? Ajoutons à cet exemple ce qu'a fouffert le Moine pendant fa vie de fes envieux ; & concluons-en qu'il n'eft rien qui foit ordinairement moins fincére que le jugement d'un homme, fur un autre, qui court la même carriere que lui.

Lorfque M. Perault voulut défendre la gloire du fiécle de Louis XIV. contre les partifans outrés de l'antiquité, il vint aifément à bout de prouver qu'il y avoit des défauts confidérables dans les Ouvrages des Anciens. Quand il fallut oppofer aux beaux endroits des Grecs & des Romains d'autres endroits pris dans les Auteurs François, non feulement il échoua dans
                                        fon

fon entreprife ; mais il fe rendit même ridicule auprès des gens, qui penfoient que les Modernes l'emportoient fur les Anciens. La jaloufie, que M. Perault avoit contre les plus célébres Auteurs, fes contemporains, lui fit commettre mille bevûës. Il oppofa les Tragedies de Quinaut à celles de Sophocle & d'Euripide ; L'Æneïde de Virgile, aux Poëmes de Scuderi, de Chapelain & de S. Amant. Qu'arriva-t-il de cela ? C'eft que Defpréaux, qui défendoit la caufe des Anciens, triompha & parut avoir raifon. Cependant fon Adverfaire étoit peut-être auffi-bien fondé que lui dans fon opinion ; mais un amour propre mal entendu le mettoit dans l'impoffibilité de prouver la vérité qu'il défendoit, l'empêchant d'oppofer aux Anciens ceux qu'il falloit leur oppofer, puifqu'il étoit ennemi de Racine, de Moliére, de Defpréaux, & de plufieurs autres Grands Hommes, que le fié-

C

cle de Louis XIV. a donné. Voilà ce
qui arrive affez fouvent à nos Artiftes
modernes ; ils ne louent parmi leurs
Contemporains que ceux avec lefquels
ils ont quelques liaifons. Si par hazard
ils font brouillés avec les meilleurs Peintres, il n'eft pas étonnant qu'on conclut
de leurs difcours qu'ils trouvent les Italiens fupérieurs aux François.

Je reléverai encore ici un autre défaut de
M. Perault, dans fon parallèle des Anciens
& des Modernes; c'eft qu'aulieu de rendre
aux Grecs & aux Romains toute la juftice
que ces grands Génies méritent, il a été
uniquement occupé à relever leurs fau-
tes ; fouvent même il leur en a attribué
qu'ils n'ont point commifes, & a paffé
très-légerement fur les chofes fublimes
dont ils font remplis. Je veux bien croire,
pour la gloire de M. Perault, que la mau-
vaife foi eut moins de part dans fa conduite, que la trifte néceffité où fa jaloufie

contre les meilleurs Auteurs François l'avoit réduit à ne pouvoir faire usage de mille beaux endroits, qu'on peut opposer à ceux des Anciens.

J'espere que mes Lecteurs ne me reprocheront point le défaut que je viens de condamner; je rendrai justice aux grands talens des Peintres Italiens, j'en parlerai avec le même zéle que si j'étois né leur Compatriote. Je ne me trouve point dans le cas de M. Perault, & je n'ai pas besoin, pour louer les Peintres François, de chercher à diminuer le mérite de leurs rivaux. Les paralléles que je ferai, seront également des éloges pour les grands Artistes des deux Nations; & si une Critique modeste y paroît quelquefois, elle tombera également sur les Italiens, sur les François & sur les Flamans. Car je trouve (& je n'avance rien que je ne puisse prouver) que l'Ecole Fançoise a produit assez de Grands Hommes dans tous les genres de Peinture, pour pouvoir foutenir elle feule le parallèle non feulement avec toutes les Ecoles Italiennes, mais encore avec la Flamande. Je tâcherai fur-tout de n'omettre aucun Peintre fameux ; je parlerai même amplement d'un qui eft très-peu connu en France & en Italie, parce qu'il ne fait guéres que des Tableaux d'Eglife, c'eft Crayer, qu'on peut placer entre Rubens & Vandeick ; & j'éviterai par là le reproche amer que font tous les Flamans & les Hollandois à l'Auteur de la nouvelle vie des Peintres, d'avoir voulu diminuer le nombre des grands Artiftes Flamans, reproche qui m'a été fait plufieurs fois à Bruxelles & à Anvers, dans le dernier voyage que l'amour de la Peinture m'a fait faire dans les Pays-Bas, après avoir fait trois différens féjours en Italie.

§. VI.

L'Ecole Romaine & Florentine, fur Raphael & fur le Sueur.

RAPHAEL a eu deux manieres de peindre fi différentes; la premiere a été fi éloignée de la perfection de la feconde, qu'on ne croiroit pas que le même Artifte, ayant vécu auffi peu que l'a fait Raphael, eut pû paffer auffi promptement de la médiocrité où il étoit, en fortant de l'Ecole de fon Maître le Perugin, à la grandeur qu'on voit dans fes derniers Ouvrages. C'eft donc par ceux-là, qu'il faut uniquement juger du mérite de ce grand Homme. Ainfi cette fécherefle qu'on lui reproche n'eft plus fondée; j'avoue qu'elle n'eft point dans les Tableaux qui lui ont fait, à jufte titre, donner le nom de Prince des Peintres.

C iij

Quand je dis que cette fécherefſe n'eſt point
dans les bons Ouvrages; j'entends, eu égard
à celle qui régne dans les Tableaux de
ſa premiere maniere ; car il faut convenir que Raphael n'a jamais été en-
tierement exemt de ce défaut. M. de
Piles en convient : *comme Raphael, dit-*
il , prenoit un foin extrême de deffiner
correctement , & qu'il étoit jaloux , pour
ainſi dire , de ſes contours , il les a mar-
qué un peu trop durement , & ſon pin-
ceau eſt ſec , quoique léger & uni. M. de
Piles condamne encore le Païfage de
Raphael : *ſon Païfage , ajoute-t-il , n'eſt*
ni de grand goût ni d'un beau faire. Pour
s'en convaincre , il ne faut que jetter les
yeux ſur les Tableaux qui ſont expofés
dans la Salle du Luxembourg. On dira
peut-être que ces Tableaux ſentent encore la maniere du Pérugin, cela eſt vrai.
Mais je montrerai dans la ſuite que les
Païfages , que Raphael a placés dans ſes

meilleurs Ouvrages, ne font guéres d'un plus grand goût. Achevons de parcourir fuccinctement ces défauts, qui font dans les Tableaux de Raphael : nous parlerons enfuite de fes fublimes qualités. Ses couleurs locales ne font pas fauvages; mais elles devroient être beaucoup plus ornées, les ombres en font trop noires. Et, fi l'on dit que le tems les a rendu ainfi, je répond que tous les Tableaux qui ont été bien colorés, ne deviennent point noirs en vieillifant, mais tirant fur le doré & fur le jaunâtre. Qu'on jette les yeux fur les Titiens, fur les Coreges; on verra qu'en vieilliffant ils ont pris foit dans les ombres, foit dans les clairs, un ton jaunâtre & doré. Aulieu que les Tableaux de Jule Romain & des autres Peintres qui ont fuivi l'Ecole Romaine, comme fit Annibal Carache, après qu'il eut été à Rome, font devenus couleur de brique. La magie du clair obfcur n'a pas été connue

de Raphael; ou du moins s'en eft-il fervi bien peu dans fes Ouvrages, même
dans les plus confidérables. Il eft vrai
pourtant que vers la fin de fa vie il parut non feulement l'avoir découvert, mais
en avoir fenti la néceffité : c'eft ce qu'on
peut conjecturer de fon Tableau de la
Transfiguration de S. Jean, qui eft dans
le Cabinet de M. le Duc d'Orleans, &
d'un autre Tableau repréfentant encore
Saint Jean, qui eft dans la Gallerie de
Duffeldorf, mais plus grand que celui
que nous voyons au Palais Royal, &
dans une atitude différente ; c'eft, fi j'ofe
dire mon fentiment, le plus parfait Tableau de chevalet de Raphael; le pinceau en eft affez beau, & la couleur affez
vraie, pour n'être pas ternie par un fort
beau Tableau du Corége qui eft à côté.

Si Raphael a négligé en général la
couleur, le Paifage, & le clair obfcur ;
s'il y a quelque dureté dans la maniere

dont il a marqué les contours, il a repa-
ré ces défauts par un grand nombre d'excellentes qualités. Il a deffiné avec la
correction, l'élegance & la précifion de
l'antique. Il a varié fes airs de tête, &
leur a donné beaucoup de Noblefle; fes
expreffions font moderées fans froideur,
& vives fans exagération. Il a peint également bien toutes les Paffions; c'eft ce
qu'on peut voir dans l'Ecole d'Athénes,
dans l'Hiftoire d'Héliodore, dans la dif-
pute du Saint Sacrement, dans l'incen-
die du Bourg S. Pierre, & dans les autres grands Tableaux qui font peints ainfi
que ceux là à frefque dans les Salles
du Vatican. Ces Chefs-d'œuvre ont été
affez bien gravés, pour donner une idée
de leur mérite. C'eft un grand bonheur
non feulement pour ceux qui ne peuvent
point aller à Rome, mais pour nos defcendans, qui ne pourront les connoître
que par ce moyen; car ces Tableaux

commencent à tomber en ruine. L'enduis
fur lequel ils ont été peints fe détache de
la muraille. Le Tableau d'Héliodore l'eft
déja confidérablement ; & , felon toutes
les apparences, ces Chefs - d'œuvre de la
compofition & du deffeing ne pafferont pas
encore cent ans. On devroit les faire copier en Mofaïque, ainfi qu'on a commen-
cé de copier les Tableaux de l'Eglife S.
Pierre ; les frais de cette entreprife feroient confidérables ; mais toutes les Nations, qui fe piquent d'aimer les Arts,
devroient y contribuer. Le foin de l'entretien des Ouvrages d'un homme tel
que Raphael doit intéreffer , je ne dis pas,
quiconque n'eft point né dans un pays
barbare ; car Mahomet II. fe feroit effor-
cé de les conferver ; mais quiconque n'eft
pas privé de la plus fimple connoiffance
des Arts.

Dans fes premiers Tableaux, Raphael
faifoit fes Draperies d'une petite maniere ;

mais dans la fuite il changea de façon, &
les jetta avec beaucoup d'élegance, difpo-
fant les plis dans un bel ordre qui marquoit le nud, en le flattant avec délica.
teffe fur tout dans les jointures.

Les Loges du Vatican, qui contiennent
les Hiftoires du Vieux Teftament peintes
fur les deffeins de Raphael, montrent
l'étendue du genie de ce grand homme,
& fon mérite fublime dans tous les différens genres de compofition.

Le Sueur fut, ainfi que Raphael, fous
un Maître qu'il furpaffa bientôt. Il quitta
de bonne heure la maniere de Vouet,
en prit une beaucoup plus noble : de même que Raphael avoit abandonné celle
du Perugin.

L'étude de l'antique, & la vûe des Ouvrages de Michel-Ange, fervirent beaucoup à former le goût de Raphael ; la
confidération des Figures antiques qui
font en Italie & en France ; les excellens

moules de celles qui font en Italie , la vûe
des deffins & des efquiffes de Raphael &
de Michel-Ange , firent prendre une route
plus épurée à le Sueur que celle qu'il
avoit d'abord fuivie.

Les penfées de Raphael font fimples ,
élevées, naturelles ; celles de le Sueur
le font auffi.

Le deffein de Raphael eft correct ,
varié ; felon les convenances & toujours avec goût ; celui de le Sueur a
les mêmes qualités.

Raphael eft fçavant dans la collocation
des membres ; il les fait toujours paroître exactement , mais cependant avec délicateffe ; il ne leur donne jamais cette
grande force , ou plutôt cette dureté que
leur a donnée Michel-Ange. Le Sueur a
fuivi d'une maniere habile la méthode de
Raphael.

Raphael a montré fon genie dans de
grandes compofitions ; le Sueur n'a pas

moins fait éclater le fien dans de très grands Ouvrages, comme dans le Tableau de S. Paul prêchant à Ephéfe, qui eft à Notre Dame, ceux qu'on voit dans l'Eglife de S. Gervais, & dans plufieurs autres très-confidérables, qui font le plus bel ornement de quelques-unes de nos Eglifes de Paris.

Raphael a uni tous les différens goûts ; il a également compofé des fujets de dévotion, & des fujets galans. Le Sueur a excellé de même dans tous les différens fujets, avec une grace & une intelligence parfaite. Les Ouvrages qu'il a peints dans la Maifon du Préfident Lambert & plufieurs Tableaux de chevalet qui font confervés comme les plus précieux morceaux de la Peinture, dans les Cabinets de quelques curieux, en font des preuves évidentes.

Le Sueur a peu connu le clair obfcur ; Raphael en a peut-être eu encore moins de connoiffance.

Le Sueur a eu la couleur foible; Raphael l'a eu auffi, & quelquefois moins fuave.

Le Sueur à force de vouloir paroître délicat, à quelquefois donné une proportion trop foible à fes Figures; Raphael à force de vouloir être correct, a donné de la fécherefle à fes contours, & les a marqués un peu durement.

Le faire de le Sueur n'eft point auffi beau que celui de quelques Peintres qui ont excellé dans cette partie; le pinceau de Raphael eft fec, de l'aveu mê- de M. de Piles.

Les Païfages de le Sueur font d'un bon goût; ècux de Raphael, au jugement du même M. de Piles, font très-médiocres. Les Lecteurs pourront fe convaincre de cette vérité, en comparant la différence avec laquelle ces deux grands hommes ont traité le Païfage dans un même fujet. Il faut confultér deux Eftam-

pes : l'une qui eft gravée d'après le Parnaffe, que Raphael a peint au Vatican;
l'autre eft gravée dans le Cabinet de M.
le Boyer d'Aiguilles d'après le Sueur, &
repréfente auffi un Parnaffe. La vûe de
ces deux Eftampes pourra fervir à prouver, non feulement que le Sueur entendoit mieux le Païfage que Raphael, mais
qu'il compofoit même quelquefois d'une
façon plus galante & plus pictorefque
que le Peintre Romain. Dumoins peut-on
affurer que le François a donné des marques qu'il avoit le genie auffi étendu &
auffi fécond que celui de l'Italien, puifque la fimple Hiftoire d'un Moine lui a
fourni de quoi faire un nombre de Tableaux, prefque auffi confidérable que
celui des Loges du Vatican.

Nous ne doutons pas que la comparaifon que nous venons de faire, ne paroiffe, je ne dis pas fingulière, outrée,
mais même infenfée à plufieurs Italiens.

Comment cela ne feroit-il pas, puifque, lorfqu'on leur parle de le Sueur, ils affectent non feulement de n'en connoître pas les Ouvrages, mais même le nom. Nous leur confeillons donc, avant de nous croire dépourvûs de goût & de connoiffance, de venir voir à Paris les Ouvrages de le Sueur, comme nous allons à Rome voir ceux de Raphael. Alors, s'il eft poffible qu'ils fe défaffent de leur préjugé, ils verront que nous avons à Paris un Peintre, qui peut être juftement comparé à Raphael. Mais tandis qu'ils feront comme ce Prélat de leur Nation dont parle M. Perault, qui fe difoit grand connoiffeur, & qui, toutes les fois qu'il paffoit dans le Salon où eft la famille de Darius de M. le Brun, tournoit la tête, pour ne pas l'apercevoir. Nous rirons de leur prévention ; leur vanité nous paroîtra le comble de cette prévention ; & rien ne nous femblera auffi ridicule fi ce n'eft

la

la folie de ce Vénitien qui fit traduire en Profe Latine les Métamorphofes d'Ovide , de peur que la Latinité d'Ovide ne gâta celle de fon fils lorfqu'on lui apprendroit la Fable.

§. VII.

Sur Michel-Ange & le Brun.

MICHEL-ANGE montra dès fa tendre jeuneffe un grand amour pour le Deffein , & par les progrès rapides qu'il y fit, il donna des marques certaines des grandes chofes qu'il exécuteroit un jour.

Le Brun fit paroître le même amour & la même difpofition pour le Deffein dès fes premieres années. Il fit à l'âge de quinze ans deux Ouvrages qui furprirent tous les Peintres , l'un repréfentoit Hercule affomant les chevaux de Diomede , & l'autre étoit le Portrait de fon Grand Pere.

D

Michel-Ange ayant acquis une grande réputation, se servit de l'amour que Laurent de Medicis avoit pour les Arts, & établit à Florence une Académie de Peinture & de Sculpture, dans laquelle se formerent ensuite plusieurs habiles Peintres.

Le Brun employa le crédit qu'il avoit auprès de M. de Colbert, & profita de l'encouragement que ce Ministre donnoit aux Arts, non seulement pour fonder l'Académie de Peinture & de Sculpture, d'où sont sortis tous les grands Peintres que la France a eu depuis, mais il établit une seconde Académie à Rome.

Michel-Ange fut toujours brouillé avec Raphael, ces deux grands hommes conçurent l'un pour l'autre une jalousie étonnante.

Le Brun & le Sueur ne furent pas moins opposés l'un à l'autre, que l'avoient été ces deux illustres Italiens.

Michel-Ange fut aimé, non seulement

de plusieurs grands Seigneurs , mais de plusieurs Souverains, & de plusieurs Papes. Louis XIV. donna beaucoup de marques, non seulement de sa protection , mais même de son amitié, à le Brun.

Le Brun mourut dans un âge fort avancé, estimé & honoré de tous ses Compatriotes. Michel-Ange finit sa carriere aussi glorieusement qu'il l'avoit commencée. Sa gloire se conserva pure jusqu'à l'âge de quatre-vingt-dix ans : il mourut à Rome, où l'on lui fit des obséques superbes ; mais le Duc Côme de Medicis enviant à cette Ville les restes d'un aussi grand homme que Michel-Ange , il le fit déterrer en secret pendant la nuit, & le fit transporter à Florence , où il fut enterré avec tous les honneurs possibles , dans l'Eglise de Sainte Croix.

Michel-Ange avoit un génie vaste, capable d'exécuter les plus grandes compositions ; c'est ce qu'on voit dans son Ouvrage du Jugement Univerfel, & dans fes autres Tableaux qui font dans la Chapelle du Pape.

La Gallerie de Verfailles, les Batailles d'Alexandre, les grands Tableaux dont nos Eglifes de Paris font remplies, & qui font tous compofés d'une maniere fublime, montrent affez qu'il n'y a jamais eu de Peintre qui l'ait emporté fur le Brun, pour la grandeur du génie.

Michel-Ange eft un des premiers Peintres qui ait banni de l'Italie la petite maniere & les reftes du Gotique, dont Raphael au commencement n'étoit pas même exemt. Le Brun changea la maniere de fon Maître Vouet, il fervit beaucoup à faire abandonner les teintes fauvages & fouvent frivoles dont ce Peintre fe fervoit pour expédier promptement fes Ouvrages.

Michel-Ange a deffiné très-correctement & de la plus grande maniere, cependant, au jugement même de M. de Pile, il n'a pu joindre à ce grand goût la pureté & l'elégance des contours, parce qu'ayant regardé le corps humain dans sa plus grande force. & ayant peut-être poussé trop loin son imagination là dessus, il a fait les membres de ses Figures trop puissans, & a chargé, comme on dit, son Dessein; c'est ce qui a fait dire à bien des Connoisseurs, que Michel-Ange étoit sauvage.

Quoique la façon de dessiner de le Brun soit d'une grande maniere, ainsi que celle de Michel-Ange, il est moins chargé, plus égal, plus gracieux que lui, cependant aussi correct. Il seroit cependant à souhaiter que le Brun eut rendu quelquefois ses Figures plus sveltes.

Michel-Ange excelloit dans l'Anatomie; il entendoit parfaitement l'emboiture des Os, l'emmanchement des Membres, les fonctions des Muscles, & les différens mouvemens qu'ils font selon les diverses

D iij

atitudes; mais il marquoit si fort toutes les parties du corps, qu'il semble souvent n'avoir peint que des écorchés, ce qui devient désagréable à la vûe.

Le Brun a connu parfaitement l'Anatomie; mais il a sagement senti que, de même que la Nature a mis sur les muscles une peau qui les adoucit en les couvrant, le Peintre doit de même ne les marquer que jusqu'à un certain point, & avoir surtout beaucoup d'égard à l'âge, à la condition & au sexe des Figures qu'il peint.

Michel-Ange a entiérement négligé la couleur, & l'on peut dire hardiment qu'il a ignoré tout ce qui dépend du coloris; ses Carnations dans les clairs sont couleur de brique, & dans les ombres sont noires. Et si l'on dit que ce défaut doit être attribué au tems & non pas à Michel-Ange, je réponds uniquement que c'est à Michel-Ange qu'il doit être imputé, puifqu'il n'en eft pas de même des Ouvrages que Frafebafti del Biombo a fait d'après les Deffeins de Michel-Ange, la couleur en étant beaucoup meilleure, & tenant du goût Vénitien; cependant fes Tableaux font peints dans le même tems que ceux de Michel-Ange, il n'y a rien à répondre à cela que de mauvaifes raifons; & de mauvaifes raifons ne va-lent pas la peine d'être refutées.

Le Brun a infiniment mieux colorié que Michel-Ange; on peut dire qu'il y a peu de Peintres de l'Ecole Romaine qui ait pouffé la connoiffance du colo-ris auffi loin que lui. On voit deux Ta-bleaux de lui parmi ceux qui font expo-pofés au Luxembourg, dont la couleur eft très-fuave. Il y a une Sainte Famille, qui fe foutiendroit auprès de l'Ouvrage du Titien. Ceux donc, qui, très-médiocres connoiffeurs en Peintures, ont décidé har-diment que le Brun avoit colorié d'une

maniere grife, auroient dû voir fes meilleurs Ouvrages, ou confulter des gens
plus éclairés qu'eux, qui les auroient
inftruits jufqu'à quel point ils devoient
blâmer le coloris de le Brun. Car il faut
convenir que dans plufieurs de fes Ouvrages, il n'eft point exemt de blâme à plufieurs égards ; fes couleurs locales font
quelquefois triviales, & il n'a point fait
affez d'attention à donner par cette partie le véritable caractère à chacun objet.
Il auroit été à fouhaiter que le Brun, en
revenant de Rome, eut vu l'Ecole Ve-
nitiene, ou la Flamande; mais enfin quoique fon coloris n'ait ni la vérité ni le
brillant de celui des grands Peintres de
ces Ecoles, on ne doit pas croire que
dans les Tableaux, où il a voulu montrer la connoiffance qu'il en avoit, il n'y
ait de très-belles chofes. Il ne faut, pour
s'en convaincre, que jetter les yeux fur
le magnifique Tableau du maffacre des

Innocens, que M. le Duc d'Orleans conferve dans fon Cabinet.

Les airs de têtes de Michel-Ange font
fiers & variés ; ceux de le Brun font nobles, expriment ce qu'il a voulu repréfenter, & dépeignent bien les paffions
de l'ame, mais ils font moins variés que
ceux de Michel-Ange. M. de Pile a judicieufement remarqué cette trop grande
uniformité dans la maniere de peindre
les paffions de l'ame. *Cette générale expreffion,* dit cet habile Critique, *des paffions de l'ame, peut avoir lieu pour le
Deffein tant des figures que des airs de
têtes que le Brun a repréfentés : car ils
font prefque toujours les mêmes, quoique
d'un très-beau choix, ce qui vient fans
doute, ou d'avoir réduit la Nature à l'habitude qu'il avoit contractée, ou de n'y
avoir pas affez confidéré les diverfités dont
elle eft fufceptible, & dont les productions
fingulieres ne font pas moins l'objet du
Peintre que les générales.*

Si les expreſſions de le Brun ſont trop uniformes, & ſe reſſentent de ce qu'on appellent habitude & maniere ; celles de Michel-Ange ſont ſouvent peu naturelles, & tiennent de cette maniere ſauvage qui régne par tout dans le Deſſein de ce Peintre ; elles ſont cependant d'une grande force.

Les Draperies de le Brun ſont bien jettées, flattans & marquans le nud avec délicateſſe ; elles péchent ſeulement en ce qu'elles n'ont point l'agréable varieté des étoffes particulieres ; celles de Michel-Ange ont non ſeulement ce dernier défaut, mais elles ſont trop adhérantes.

Les Tableaux de le Brun manquent quelquefois par le clair obſcur, cependant il en a connu l'abſolue néceſſité, & l'a même pratiquée dans ſes plus grands Ouvrages, comme on le peut voir dans ſes Batailles d'Alexandre & dans la Famille de Darius. Michel-Ange n'a pas eu une meilleure idée du clair obscur que du coloris, & nous avons vû combien peu il a été habile dans cette partie.

Le génie élevé de Michel-Ange tomboit quelquefois dans des imaginations outrées, bizares, & même extravagantes ; c'est ce qu'on peut voir dans son Jugement dernier, où il a mêlé la Fable avec les vérités de l'Evangile : il est vrai qu'il faut convenir que de quelque nature que soient ses penfées, soit qu'elles soient sages, soit qu'elles soient outrées & bizares, elles ont toujours du grand.

Le Brun a montré dans ses plus grandes compositions, ainsi que dans ses plus petites, un esprit élevé, mais solide, qui n'agit qu'avec refléxion ; il n'a jamais rien fait entrer dans les sujets qu'il a traité, que ce qu'il convenoit d'y mettre. Il n'est point de Peintre qui ait observé avec plus de soin, non seulement le *Couftumé*, mais encore tout ce qui peut servir à faire con-

noître le caractère, l'état, les fonctions,
& le pays des gens qu'il repréfentoit ;
c'eft ce qu'on voit avec un plaifir toujours
nouveau, dans la famille de Darius, qu'on
doit regarder comme un des plus beaux
Tableaux du monde, foit par la compofition qui en eft fublime, foit par la difpofition qui en eft excellente, foit par le
Deffein qui en eft très-correct, foit par
les expreffions qui font raviffantes, foit
par le clair obfcur qui y eft très-fagement
en ufage, foit même par la couleur, qui,
quoiqu'elle foit dans ce Tableau la derniere partie, & celle qui a le moindre
mérite, doit cependant devoir être ad-
mirée dans plufieurs têtes & fur tout dans
celles de la mere de Darius, & de la femme de ce Prince ; foit par le pinceau qui
eft leger & coulant ; remarquons ici que
celui de Michel-Ange étoit dur & fec, &
fe fentoit de la main du Sculpteur.

Je n'ai examiné ici Michel-Ange que

comme Peintre, ainfi je ne parlerai point actuellement de fon grand mérite dans la Sculpture, je réferve cela lorfque je viendrai aux Sculpteurs.

Je remarquerai ici que le Tableau qui eft dans la Gallerie de Duffeldorf repréfentant une Sainte Famille, & qu'on montre comme un Original de Michel-Ange, n'eft qu'une Copie de celui qu'on voit dans le Palais Royal ; c'eft ce qu'appercevra d'abord un homme qui aura la moindre connoiffance des Tableaux. Je m'étonne que l'Auteur de la derniere Vie des Peintres ait fait mention de cet Ouvrage ; il faut qu'il n'ait jamais vû lui-même la Gallerie de Duffeldorf, & qu'il n'ait placé ce Tableau parmi les Ouvrages originaux qui nous reftent de Michel-Ange, que parce qu'il l'aura vû dans le Catalogue qu'on a fait imprimer des Tableaux de cette Gallerie ; Catalogue dont on doit fe défier fur ce qui regarde les

Tableaux d'Italie. Car si l'on en excepte
six ou sept qui sont d'une grande beauté ,
cette Gallerie est aussi médiocre en Tableaux Italiens , qu'elle est riche en excellens Ouvrages Flamans & Hollandois ,
& surtout en Tableaux de Rubens , en
Vandeick , en Krayer , en Venderverck ,
& en Jourdans.

Au‐dessus des Appartemens de cette
Gallerie , il y avoit autrefois toutes les
plus belles Antiques au nombre de près
de cent , moulées parfaitement sur les
Originaux : elles sont aujourd'hui dans
l'état du monde le plus pitoyable & le
plus singulier. Un scrupuleux Baron Allemand , qui étoit Directeur des Bâtimens
de l'Electeur , les fit toutes couvrir par
un Sculpteur ignorant , ensorte qu'on voit
la Venus de Medicis en chemise , le
Laoocon en culote , l'Hercule Farnese
en caleçon , ainsi du reste. C'est un même zèle aussi contraire aux Arts qui en-

gagea autrefois M. de Noyers à faire brû-
ler le Tableau peint par Michel-Ange,
qui étoit le chef-d'œuvre de ce grand
Homme, & dont François I. avoit décoré le Château de Fontainebleau.

§. VIII.

Leonard de Vinci & Jean Cousin.

L EONARD de Vinci est regardé par
les Italiens, comme le Peintre qui a le
plus contribué à affujettir à des régles certaines l'Art de la Peinture ; il fût éleve
d'André Verochio, & Compagnon du Perugin ; mais il alla beaucoup plus loin que
lui, & éclaira par fes Ouvrages les grands
Peintres qui vêcurent de fon tems ; il fût
même très-utile à Raphaël, qui fur le
bruit de fa réputation vint voir les Tableaux aufquels il travailloit à Florence,
& à Michel-Ange, qui peignit longtems

en concurrence avec lui dans la même Ville.

Jean Cousin a rendu aux François le même service que Leonard de Vinci aux Italiens ; avant lui tous les bons Artistes de notre Nation étoient presque bornés aux Portraits & ceux qui travaillent à l'Histoire, avoient acquis une très-petite considération.

Leonard de Vinci composa divers excellens Ouvrages : *Son Traité de la Peinture* est encore très-estimé aujourd'hui ; les plus habiles Connoisseurs le regardent comme une source où l'on peut puiser beaucoup de choses excellentes.

Jean Cousin a travaillé sur la Géométrie & sur la Perspective ; son Ouvrage sur les proportions du corps humain est très-estimé, & les différentes Editions qu'on en a faites sont des preuves de son utilité.

Le Dessein de Leonard de Vinci n'est point

point formé d'après l'Antique ; mais il eft correct & de bon goût, quelquefois cependant imitant trop fervilement cerains défauts de la nature qui n'eft point également belle dans tous les modéles, & à laquélle un Peintre doit fuppléer par les confidérations des beautés de l'Antique.

Coufin deffinoit correctement, d'une maniére fiére, il auroit été à fouhaiter, qu'à la correction il eut joint un peu plus d'élégance & de délicateffe.

Les expreffions de Leonard de Vinci font vives, fes penfées font nobles, comme on peut le voir par l'excellente Copie qui nous refte du Tableau de la Céne que le Peintre avoit fait à Milan, & qui eft entiérement gâté.

Les airs de têtes de Jean Coufin font expreffifs ; fes penfées font grandes & même fublimes : on peut en juger par fon Tableau du Jugement dernier qui

E

est à Vincennes , & par plusieurs autres grandes compositions qui ont été exécutées sur des Vitres , entr'autres sur celles de l'Eglise de Saint Gervais.

Jean Cousin avoit un coloris gris , un pinceau peu mouelleux ; Leonard de Vinci a péché également par la partie du coloris ; ses carnations tirent sur la couleur de lie , il régne dans ses Ouvrages un ton violet , qui en gâte totalement l'union : son pinceau n'est pas meilleur que celui de Cousin ; à force d'avoir voulu terminer ses Ouvrages il les a rendu secs.

Leonard de Vinci fut très-estimé de François I. entre les bras du quel il mourut, dans un âge fort avancé. Jean Cousin fut considéré à la Cour des Rois Henry II. François II. Charles IX. & Henry III. Il mourut très-vieux pendant le Régne de ce dernier.

Les Livres que Leonard de Vinci & Jean Cousin ont écrit en faveur des

§. IX.

Jules Romain & Freminet.

DE tous les Eléves de Raphael, Jules Romain fut celui qu'il aima le le mieux. Auffi pendant la vie de ce grand homme, Jules Romain fut uniquement occupé à l'exécution des Deffeins de fon Maître : On ne peut donc juger du génie & de l'imagination de cet Artifte que par les Ouvrages qu'il a fait après la mort de Raphael : alors Jules Romain fe livrant à fon goût naturel changea totalement de maniere ; il en prit une beaucoup moins gracieufe que celle de fon Maître ; elle étoit fevére, quelquefois fauvage, & même extraordinaire, mais toujours expreffive, approchant enfin beaucoup plus de celle de Michel-Ange que de celle de Raphael.

Freminet pendant les sept années qu'il demeura à Rome changea entiérement son premier goût. Il étudia assiduement d'après Michel-Ange, ensorte que tout ce qu'il a fait depuis, tient beaucoup de la maniere de ce grand Peintre, comme on peut le voir par la Chapelle de Fontainebleau, qui est peinte de sa main. La différence qu'il y a entre Jules Romain & Freminet, c'est que Jules Romain quitta une excellente maniere pour en prendre une autre qui n'étoit ni naturelle ni gracieuse ; & Freminet abandonna le goût mesquin que son pere, qui avoit été son Maître, lui avoit donné, pour en prendre un qui étoit infiniment plus noble. Ainsi ce qu'il y a de sauvage dans le Dessein de Freminet, est bien plus excusable, que ce qu'on voit de ce même sauvage dans les Ouvrages de Jules Romain, quoiqu'il avoit pris d'abord une maniere plus pure & plus gracieuſe que celle de Michel-Ange. L'on peut dire de ces deux Peintres, qu'en changeant leur premiere maniere, l'un abandonna l'excellent, & que l'autre ſe défit du mauvais.

M. de Pile remarque judicieuſement, qu'il ſemble que Jules Romain *n'ait été occupé, après qu'il fut livré à lui-même, que de la grandeur de ſes penſées poeti-ques, & que, pour les exécuter avec le même feu qu'il les avoit conçues, il ſe ſoit contenté d'une pratique de Deſſein dont il avoit fait choix, ſans varier ni ſes airs de têtes, ni ſes Draperies, il eſt même aſſez viſible que ſon coloris, qui n'a jamais été fort bon, en eſt devenu encore plus négligé; ſes couleurs locales qui donnent dans la brique & dans le noir, ne ſont ſoutenues d'aucune intelligence de clair obſcur. Sa maniere de deſſiner fiere & ſes expreſſions terribles lui ſont tournées en habitude.*

Si l'on excepte la partie du coloris que

Freminet avoit beaucoup meilleur que Jules Romain, ayant été en fortant de Rome, quelques années à Venife, on peut dire qu'il reffemble beaucoup au portrait que M. de Pile fait de l'Artifte Italien. Freminet avoit des idées fubli- mes; il a exécuté de grandes compofi- tions, foit en Italie, foit en Savoie, où il peignit quelque tems pour le Duc, foit à Fontainebleau. Il a donné à fes Figures des contours extraordinaires; fa maniere eft fiere & terrible; les mouve- mens de fes Figures font trop violens; les mufcles & les nerfs trop marqués paroiffent à travers les Draperies qui ne font guéres de meilleur goût que celles de Jules Romain, quoiqu'elles foient un peu mieux entendues de reflets.

Freminet mourut âgé de cinquante- deux ans & Jules Romain de cinquante- quatre; ainfi ces deux Artiftes ont fini à peu près la même carriere. Ce qui doit rendre celle du François plus glorieuse, c'est la tache que Jules Romain a imprimé pour toujours à sa mémoire, en composant les Desseins de vingt Estampes fort dissolues, qui ont été gravées par le célébre Marc-Antoine, & pour chacune desquelles l'Aretin a fait un Sonnet. Ces infamies, car comment peut-on appeller autrement ces impudiques compositions, quelque feu & quelqu'élégance de de contour qu'on y découvre, sont parvenus jusqu'à nous, & se sont multipliées par le moyen de la Gravure, ayant été contrefaites plusieurs fois. Les Estampes originales qui ont été gravées par Marc-Antoine, sont très-rares.

Qu'il nous soit permis, sans vouloir prendre ici le ton de Prédicateur, d'établir comme une maxime certaine que, les Peintres qui peignent des Tableaux dans le goût de Jules Romain, blessent non seulement l'honnêteté, mais déshonnorent la Peinture. Il y a deux excès qu'il faut également éviter ; le premier, c'est de peindre des choses impudiques, & représenter par là aux yeux des honnêtes gens ce qu'on n'oseroit point faire entendre à leurs oreilles ; l'autre, est de se scandaliser mal-à-propos, de voir la moindre nudité dans un Tableau : il y a dans ce scrupule mal fondé, un ridicule d'autant plus grand, que nos Statues sont presque toutes nues au milieu de nos Places, de nos Jardins, & que dans nos Eglises même, les Vierges ont le sein découvert. Les enfans Jesus, ainsi que les Anges, sont peints nuds. Les Boureaux dans les Tableaux des Martyrs, n'ont ordinairement des Draperies que dans les endroits que la bienséance défend d'exposer à la vûe. Ainsi il faut distinguer sagement une Figure impudique, d'une Figure nue. Raphael, Daniel de Volterre, Jules Romain, Michel-Ange, ont peint dans le Palais

du Pape & dans les Eglifes , des Figures
d'hommes & de femmes nues ; le fujet
qu'ils traitoient demandoit qu'ils agif-
fent de même. Il feroit fort plaifant de
voir Eve & Adam chaffés du Paradis ,
l'un en redingote & l'autre en jupon &
en pet-en-l'air.

---

§. X.

André del Sarto & Santerre.

ANDRÉ del Sarto étoit fils d'un
Tailleur , dont il prit le nom de
Sarto . Il fut d'abord fous un Peintre médiocre ; mais dans la fuite il entra dans
l'Ecole de Pierre Cofimo , qui étoit dans
ce tems là le meilleur Peintre de Florence.

Santerre, ainfi qu'André del Sarto, nâquit de parens pauvres ; il fut d'abord
fous un Maître médiocre , & paffa en-

suite dans l'Ecole de Boulogne l'aîné.

André del Sarto n'avoit pas le génie fort fécond, son imagination étoit peu vive, & il n'a pas répandu dans ses Ouvrages, ce feu si néceſſaire pour animer les Figures, c'eſt ce qui eſt cauſe qu'il a fait un grand nombre de Tableaux de Vierges, & pluſieurs Saintes Familles, peignant les têtes de femmes & les enfans avec un goût infini. L'imagination d'André Del Sarto n'a point été cependant aſſez foible pour l'empêcher d'exécuter pluſieurs Tableaux, dans leſquels il y a de grandes beautés, quoiqu'on n'y apperçoive pas un grand feu de compoſition.

Le génie de Santerre ne lui fourniſſant qu'avec peine des ſujets compoſé de pluſieurs Figures, il ſe détermina à peindre des demies Figures ; mais au lieu de faire des Vierges, ainſi qu'André del Sarto, il peignit des têtes de fantaiſie qu'il décora pour

l'allégorie de la Fable, ou des Arts. Il s'é-
leva cependant malgré le froid de son imagination jusqu'au point de composer plusieurs Tableaux-d'Histoire, où il faut convenir naturellement qu'il y a encore moins
de feu que dans ceux d'André del Sarto ;
mais ce défaut est réparé par un grand
nombre d'excellentes choses qu'on y découvre.

André del Sarto dessinoit bien ; il a
colorié beaucoup mieux qu'aucun Peintre
de l'Ecole Romaine & Florentine.

Santerre dessinoit correctement, il avoit
une très-bonne couleur ; son Pinceau étoit
séduisant, approchant de la beauté de celui
du Corrége.

André del Sarto ne varioit point assez
ses airs de têtes ; ces Vierges manquent
quelquefois de noblesses.

Santerre a donné à ses Figures de l'expression dans les têtes ; le Tableau de Sainte Thérèse, qui est à Versaille, en est une
bonne preuve.

Les draperies d'André del Sarto, font de très bon goût; elle font peintes avec une facilité de pinceau qui féduit. Celles de Santerre font fouvent d'un goût médiocre.

André del Sarto eut beaucoup de chagrin à effuier de la part de fa femme. Santerre ne fe maria jamais. Voilà deux Artiftes qui peuvent fervir d'excufe aux Peintres qui ne veulent pas fe marier. Je croirois cependant que leur exemple n'eft pas bon à imiter. Je fuis perfuadé qu'un Peintre d'Hiftoire ne fçauroit mieux faire que de fe marier; la néceffité où il eft d'étudier la nature, l'oblige à deffiner fouvent fes femmes nues. Il peut arriver de grands inconvéniens de pareilles études, outre qu'elles font prefque toujours contraires à l'efprit de la Religion. Les réflexions que je fais ici font d'autant mieux placées, que Santerre fur la fin de ces jours fe repentit fi fort des études qu'il avoit faites d'après plusieurs Femmes, qu'il les brûla toutes. Tout le monde sçait l'avantage que l'Albane & Rubens ont retiré de leur Art, de leur femme.

---

§. X I.

Michel - Ange des Batailles, & le Bourguignon.

CERCOZZI, communément appellé Michel-Ange des Batailles, avoit une grande imagination. Il ne faisoit point d'esquisse de ses Tableaux, il avoit une merveilleuse facilité à peindre d'idée ; sa couleur étoit vigoureuse ; sa touche légere ; son principal talent, &, pour ainsi dire le seul par lequel il ait mérité une grande distinction, fut celui de peindre des Batailles ; ces sortes de Tableaux sont bien au-dessus des autres qu'il a fait.

Jacques Courtois, dit le Bourguignon,

n'avoit pas moins d'imagination que Michel-Ange des Batailles ; il faifoit ordinairement fes Ouvrages fans Deffeins &
fans Efquiffes ; il traçoit d'abord fa penfée
fur la toile, & l'exécutoit enfuite tout de
fuite. Ses couleurs ont un éclat & une
fraîcheur, qui donne à la nature qu'il co-
pioit une nouvelle grace. Rien n'eft fi re-
cherché que fes Ouvrages ; & il faut convenir de bonne foi, ou bien vouloir s'a-
veugler, qu'on trouve des beautés dans
les Tableaux de cet Artifte, qu'on ne voit
point dans ceux des autres Peintres de Batailles, & il eft fans contredit au-deffus de
Cercozzi, pour le feu & pour l'intelligence. Ajoutons ici que fi l'Artifte François
a été un peu plus loin que l'Italien, ce
dernier à fait une action au fujet du premier, qui mérite les louanges de la poftérité. Michel-Ange des Batailles étant venu
voir le Bourguignon fans fe faire connoître, & ayant été frappé de la beauté du
Tableau

bleau qu'il peignoit, publia par-tout
mérite, bien loin de se laisser sédui-
par une lâche jalousie; il fut le pre-
er & le principal auteur de la répu-
ion de son Rival; belle leçon pour tous
Artistes, mais dont il y en a peu qui
ofitent. Malheureusement les grands
intres ne sont pas moins jaloux que
grands Poëtes : il semble qu'une ma-
ne influence soit répandue sur tous les
ns qui se distinguent dans les Arts &
ns les Sciences, & qu'ils soient obligés
perdre d'un côté, aux yeux des gens
ges, une partie de la gloire qu'ils ac-
uiérent d'un autre. Je ne dis pas qu'il
y ait quelques personnes qui se garan-
ssent de cette dangereuse manie; (nous
enons d'en voir un exemple dans Mi-
hel-Ange des Batailles,) mais le nom-
re en est bien petit : *apparent rari nantes*
n gurgite vasto.

F

§. XII.

Pietre de Crotone & Bon-Boulogne

PIETRE de Crotone eut dans le commencement le génie tardif ; ses Camarades lui donnerent le nom de tête d'Ane. Dans la suite les Figures antiques & les Ouvrages de Raphael, qu'il étudia, le perfectionnerent beaucoup, & le mirent bien au-deſſus·de ceux qui le mépriſoient auparavant.

Bon - Boulogne donna au contraire, dès ſa tendre enfance, des marques de ce qu'il deviendroit un jour. Étant encore fort jeune, il peignit un Saint Jean demi-Figure, que M. de Colbert trouva ſi beau, qu'il reſolût de l'envoyer à Rome. Boulogne, quoiqu'il n'eut point encore concourru pour les Prix, cet Artiſte ne ſe contenta pas d'étudier d'après l'Antique, il vint encore en Lombardie, pour perfectionner son goût par les Ouvrages du Corége & du Carache.

Pierre de Crotone avoit l'imagination vive. Il a exécuté de grandes Composi_tions avec beaucoup de facilité ; le Plat-Fond qu'il a peint dans la Sale du Palais Barberin, qui est d'une étendue très-confidérable, est une preuve évidente de la fertilité de ses idées, qui étoient toujours nobles & grandes. Il a peint plusieurs autres Plat-Fonds & quelques Galeries, où l'on trouve toujours la même grace, & le même mérite dans la Composition.

Bouloigne n'avoit pas moins d'imagination que Pierre de Crotone, & n'a pas exécuté de moindres Compositions que lui. Il a peint de très-grands Plat-Fonds, qui font l'admiration des Connoisseurs. Les Eglises de Paris sont pleines de grands Tableaux qu'il a peints, & dans lesquels il a répandu toute la grace que Pietre

F ij

de Crotone a mis dans les fiens. C'eſt ce qu'on peut voir fur-tout dans l'excellent Tableau qui eſt dans le Chœur de Nôtre-Dame.

Pietre de Crotone avoit un bon coloris, ſes carnations font belles, mais elles font un peu trop uniformes ; il leur a donné beaucoup d'union entr'elles, il a poſſédé ce dégré éminent, cet accord & cet agrément que les Italiens nomment *Vagueza*.

Bouloigne avoit un auſſi excellent coloris que Pietre de Crotone, mais il ſçavoit mieux varier ſes carnations que lui. Il coloroit également bien l'Hiſtoire & le Portrait.

M. de Piles grand admirateur des Italiens, convient que Pietre de Crotone étoit peu correct dans le Deſſein, peu expreſſif dans les Paſſions, peu regulier dans les plis de ſes Draperies & manieré par tout.

Bouloigne deſſinoit correctement ; ſes Draperies ſont bien jettées, les plis en ſont naturels ; ſes airs de têtes ſont vifs & pleins d'expreſſions ; ce qui a manqué totalement à Pietre de Crotone, qui s'eſt contenté de faire par tout des têtes agréables, ſans leur donner d'expreſ-ſions convenables aux perſonnes qu'elles repréſentent. M. de Piles remarque ſa-gement à ce ſujet, que la grace de cet Artiſte Italien conſiſte plûtôt dans *l'ha-bitude qu'il avoit de faire des airs de têtes gracieux, que dans un choix ſingulier d'ex-preſſions convenables à chaque objet.*

Pietre de Crotone a diſpoſé parfaite-ment l'arrangement de ſes Groupes, & il a employé avec beaucoup de connoiſ-ſance, la magie du clair-obſcur.

Les grands Tableaux que Bouloigne a peint dans les Egliſes de Paris, & ceux qu'il a exécuté aux Invalides, à Verſailles, au Trianon, à la Ménagerie,

montrent évidemment que ces qualités
ne lui ont pas manqué, quoiqu'il ne les
ait pas poſſédées à un dégré auſſi éminent,
que l'Artiſte Italien.

Nous n'avons pas des Portraits peints
par Pietre de Crotone, ou ſi nous en
avons, ils n'ont pas acquis une grande
réputation. Bouloigne en a peint quelques-uns, qui ſe ſoutiennent auprès de
ceux de Vandeck & de Rimbrant; &
& l'on peut avancer hardiment, que ce
grand Homme a également excellé dans
l'Hiſtoire, & dans le Portrait. Ce dernier genre, quoiqu'il paroiſſe d'abord
plus facile que l'autre, renferme peut-
être d'auſſi grandes difficultés, quand on
le porte à ſa perfection, & qu'on le
traite hiſtoriquement.

§. XIII.

Carle-Marate, & Louis Bouloigne.

CARLE-MARATE apporta en naiſ-ſant un amour pour la Peinture, que les Carteſiens appelloient un amour inné. *A peine,* dit un Auteur qui le connut perſonellement, *fut-il né, qu'il montroit avec le doigt les Tableaux d'Egliſes ; étant enfant, il couvroit de Figures de Vierges, les murs de la Maiſon de ſon Pere.*

Louis Bouloigne ſentit, dès ſa tendre jeuneſſe, une inclination auſſi violente pour la Peinture, que Carle-Marate. L'a-mour qu'il avoit pour le Deſſein étoit ſi fort, qu'étant encore enfant, il faiſoit tous les jours une lieuë, & traverſoit Paris, pour aller deſſiner à l'Academie.

Carle-Marate fut honoré par le Pape, de l'Ordre de Chriſt, le même Pape lui

donna une penſion : ces marques d'honneurs & de générofité, contribuerent à
mettre ce Peintre en état de la iſſer à ſa
fille un héritage confidérable. Louis XIV.
donna des Lettres de Nobleſſes à Louis
Bouloigne, & une penſion confidérable ;
il le fit ſon premier Peintre, & ſes enfans ont occupé des places diſtinguées
dans la Magiſtrature ; & l'un d'eux, qui
vit encore, eſt Conſeiller d'État & In-
tendant des Finances, & des Ordres du
Roi, homme d'un grand mérite & Pro-
tecteur des Arts que ſon Pere illuſtra.

Carle-Marate étoit grand Deſſinateur ;
il imaginoit & diſpoſoit parfaitement les
ſujets qu'il avoit à traiter ; ſes airs de
têtes ſont délicats, ſes expreſſions fortes,
ſa touche eſt ſpirituelle, & ſon pinceau
moëlleux. Il a peint des enfans & des
Vierges avec cette même grace qu'on
admire dans le Corége ; ſes Tableaux de
chevalet ſont d'un précieux fini ; il n'a

pas moins excellé dans les grandes Compositions que dans les petites. La Ville de Rome est enrichie de plusieurs de ses grands Tableaux : on en voit de lui, dans plusieurs autres Villes d'Italie.

Louis Bouloigne avoit formé son goût d'après celui des grands Maîtres, qu'il avoit beaucoup étudié. Ses airs de têtes sont nobles, son coloris est mâle & plus vigoureux que celui de Carle-Marate, comme il est aisé de s'en convaincre, en comparant le coloris du Tableau de Carle-Marate, qui est dans l'Eglise de Saint Charles du Cours à Rome, & ceux de Bouloigne, qui sont dans le Chœur de Nôtre-Dame, & dans la Chapelle de la Vierge à Versailles. Ce Peintre composoit avec beaucoup d'intelligence, dessinoit très-correctement, & répandoit dans ses Tableaux une harmonie & une force qui leur donnoit un éclat admirable : c'est ce qu'on peut voir avec une satisfaction toujours nouvelle, dans le Tableau de la Préfentation au Temple, qui eft un Chef-d'Œuvre.

Carle-Marate, fidéle à imiter la Nature, ne s'en éloigna jamais : il la rectifia quelquefois, mais il ne la perdit point de vûe. Bouloigne fuivit le même principe. Il fentoit parfaitement, combien il eft dangereux de copier la Nature, fans refléchir aux chofes qu'on ne doit point prendre d'elle, & il condamnoit les Grottefques & les Bambochades, comme une Nature outrée, comique, habillée ridiculement, directement oppofée aux proportions de l'Antique, à la grandeur des plis, & capable de détruire cette nobleffe & cette correction, qui caractérife les Ouvrages des grands Hommes.

Carle-Marate mourut âgé, & Bouloigne vêcut jufqu'à quatre-vingt ans. Il y a eu entre ces deux grands Hommes, beaucoup de reffemblance dans les inclinations de leur jeuneffe, dans les talens de leur Art, & dans les marques d'honneur qu'ils ont reçues, & dans la longue carriére qu'ils ont fourni.

---

§. XIV.

Guafpre & Claude Lorrain.

LE Pere du Guafpre étoit François, il s'appelloit Jacques Duchet, il avoit marié fa fille au Pouffin, & il lui donna, dans les fuites, fon fils pour Eleve, & on le nomma communement, Guafpre Pouffin. Nous pourrions donc par deux raifons revendiquer aux Italiens ce fameux Payfagifte, comme fils de François, & comme Eleve d'un Peintre François; mais puifqu'il a paffé fa vie à Rome, contentons-nous de lui oppofer un Artifte, qui, pour le moins, l'a égalé.

Le Guafpre a peint le Payfage d'un

grand goût ; fes effets font admirables ; toujours bien dégradés ; il exprime parfaitement les vents & les orages ; les feuilles de fes arbres femblent fe mouvoir.

Claude Lorain n'a pas imité moins les effets de la Nature ; mais il a encore mieux exprimé les heures du jour , que le Guafpre. On peut voir un exemple frappant de l'excellence du talent de Claude Lorain , à peindre les différentes façons dont la Terre eft dorée, & le Ciel éclairé au Lever , au Midi & au Coucher du Soleil , dans de beaux Payfages qui font expofés au Luxembourg.

Le Guafpre a traité le Payfage en grand , & , pour ainfi-dire , dans le goût des grands Tableaux d'Hiftoires. Il a peint à frefque dans l'Eglife de S. Martin des Monts , des Payfages d'une étendue confidérable , avec des Figures affez grandes.

Claude Lorain a peint , non-feulement

des Payſages, mais encore des Marines qui ſont très-belles, ſur les murs de pluſieurs Palais à Rome; & l'étendue de ſes Tableaux, eſt auſſi conſidérable que celle du Guaſpre dans l'Egliſe de Saint Martin.

Guaſpre faiſoit aſſez bien les Figures qu'il plaçoit dans ſes Payſages; cependant celles qu'on trouve dans ſes Ouvrages, peintes de la main du Pouſſin, ſont bien au-deſſus des ſiennes. Ce grand homme, qui le venoit voir travailler, ſe faiſoit un plaiſir d'orner ſouvent le Tableau de ſon éleve, de pluſieurs Figures.

Claude Lorain plaçoit auſſi des Figures dans ſes Payſages, mais elles étoient très-médiocres, & inférieures à celles du Guaſpre. Il avoit recours ſouvent à Philippe Lauri, & à Courtois dit le Bourguignon. Ces Peintres lui rendoient le même ſervice, que le Pouſſin rendoit au Guaſpre.

Si Claude Lorrain a été inférieur , pour les Figures, au Guaſpre , il a eu un grand avantage ſur lui, en qualité de Payſagiſte : car il régne trop d'uniformité dans les Arbres du Guaſpre , ils ſont tous trop verds , & ſes maſſes ſont trop de la même couleur. On diſtingue , au contraire , dans les Ouvrages de Claude Lorrain , toutes les eſpéces différentes des Arbres , & les maſſes ſont toujours éclairées d'une maniere auſſi vraie que ſçavante , ſoit en recevant la lumiére directement, ſoit en la recevant par refléxion.

ÉCOLE
VENITIENNE.

§. I.

Titien & Blanchard.

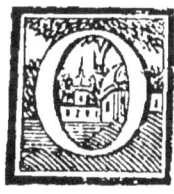N peut comparer, avec beau-
coup de juſtice, le Titien, &
Blanchard, par leur talens ;
mais non pas par leur fortune ni par la
durée de leurs jours. Titien mourut à
cent moins un an, comblé d'honneur &
de bien ; Blanchard vécut très-peu, &
toujours dans un état au-deſſus du médiocre. Le beſoin où il ſe trouvoit ſouvent, l'obligeant de travailler avec trop
de vivacité, lui cauſa une fluxion de poi-

trine, dont il mourut à l'âge de trente-
huit ans.

Le Titien travailla pour des Rois de
France, pour des Empereurs, pour des
Papes, qui l'enrichirent, & lui donnerent des marques de leur estime par des
distinctions honorables ; Charles V. le fit
Chevalier Comte Palatin, & Henri III.
lui fit assigner de le visiter. Blanchard
eut à faire à Venise avec des Nobles qui
le trompèrent, & qui le frustrerent de son
salaire : cette injustice l'obligea à quitter
l'Italie & à se retirer dans sa patrie.

Le coloris de Titien est admirable,
celui de Blanchard est si beau, au jugement
même de de Piles, que ce grand connoisseur met cet Artiste beaucoup au-dessus,
dans cette partie de tous les Peintres François. Rapportons ici ses propres termes :
Il est aisé de juger, dit-il, *que de tous les*
Peintres François il n'y en a point qui ait
si bien colorié que Blanchard. C'est la
grande

grande connoiſſance, que Blanchard a eu dans le coloris, qui lui a fait donner le nom de Titien François; & l'Auteur de la Vie des Peintres n'héſite point à dire, en parlant de lui, que la France compte, *parmi ſes Peintres*, un Titien.

Titien peignit parfaitement bien le Portrait; Blanchard avoit le talent particulier, non-ſeulement à faire des Portraits auſſi beaux que ceux de Vandeick, mais pour peindre des Vierges à demi-corps, & des Femmes nuës, auſquelles, outre le charme de la couleur, il donnoit beaucoup d'expreſſion, en quoi le Titien n'a pas toujours réuſſi.

Titien a fait de grands Tableaux d'Hiſtoire, qui montrent ſa ſcience pour les grandes compoſitions; Blanchard a peint de même de très-grands Ouvrages, entr'autres deux Galeries, l'une dans la maiſon qui appartenoit à M. le Préſident Pérault, & l'autre qu'on voit encore aujourd'hui

G

dans l'Hôtel de Bouillon compoſée de treize Tableaux , dans leſquels les Figures font de grandeurs naturelles. Il a peint encore à Verſailles , un grand Plat-fond qui fait voir la Lune ſous la figure de Diane dans ſon Char, accompagnée des heures. Mais parmi ſés Ouvrages les plus conſidérés , ſont deux grands Tableaux qu'il a péint à Nôtre-Dame ; le premier repréſente S. André à genoux devant la Croix, il eſt très-beau ; l'autre , dans lequel eſt péinte la Deſcente du Saint-Eſprit, eſt admirable : & quoique l'Egliſe de Nôtre-Dame ſoit enrichie de ſuperbes Tableaux qu'elle poſſéde de le Sueur , de le Brun , de Jourdan , de Mignard , de Jouvenet, de la Foſſe, dé Bouloigne; M. de Piles né fait pas difficulté de donner le prix à celui de Blanchard. Raportons ici les paroles de ce Juge de la Peinture : *De tous les Ouvrages de Blanchard , celui qui a mieux ſoûtenu la répu-*

tation, c'est le Tableau qu'il fit à Nôtre-Dame, pour le premier jour de Mai ; il repréfente la Defcente du Saint-Efprit, & cette Eglife le conferve chérement, comme le plus beau de tous les Tableaux que l'on y voit.

Titien a deffiné les Femmes & les Enfâns avec un grand goût, mais il n'a pas auffi-bien réuffi dans les Hommes ; il a trop chargé la Nature, en voulant la repréfenter dans la plus grande vigueur, il s'eft beaucoup éloigné de l'élégance de l'Antique. Tous les Peintres Vénitiens ont été peu corrects, Michel-Ange & Vafari ont prononcé un Arrêt, dont il feroit difficile d'appeller : en 1546, dit M. de Piles, *Titien fut appellé à Rome par le Cardinal Farnéfe, pour faire le Portrait du Pape ; il en fit auffi d'autres & quelques Tableaux de peu d'ouvrages, qui furent admirés par Michel-Ange & par Vafari, lefquels ne purent cependant s'em-*

pêcher de plaindre les Peintres Vénitiens de s'attacher si peu au Deſſein.

Blanchard a deſſiné d'une maniere cor-recte, & quoique dans ſes Tableaux la partie du coloris ſoit ſupérieure à celle du Deſſein, il eſt cependant exact dans cette derniere : ſes Tableaux, qui ſont à Nôtre-Dame, en ſont des preuves éviden-tes.

Le Titien puiſa dans les Ouvrages du Georgion, ſon Maître, le bon goût de la couleur & du clair-obſcur; il a été auſſi loin que ſon Maître dans ces deux parties, dont il lui eſt redevable; mais il n'a pû jamais parvenir au point de deſſiner auſſi élégamment que lui. Le Georgion eſt dé-licat & a beaucoup de choſes de l'Ecole Romaine dans ſon Deſſein; & nous avons remarqué que celui du Titien, dans les hommes, étoit chargé & quelquefois in-correct.

Blanchard puiſa à Veniſe, non-ſeulement dans les Ouvrages du Georgion, mais encore dans ceux de Titien & du Tintoret, la fcience du coloris ; il égala fes Maîtres dans cette partie, & il les furpaffa dans d'autres : car il a compofé de bien plus grands Ouvrages que le Georgion, & il a deffiné plus élégamment que le Titien.

Blanchard a peint des Payfages dans plufieurs de fes Ouvrages ; mais ils font bien inférieurs à ceux du Titien, qui font du goût le plus exquis, foit par les couleurs, foit par les oppofitions.

Les Attitudes du Titien font fimples & naturelles ; celles de Blanchard ont les mêmes qualités.

Le Titien, dans fes airs de têtes, a toujours été plus occupé d'imiter fidéle- ment la Nature, que de rendre, par des expreffions vives, les paffions de l'ame ; de forte que, dans la plûpart de fes grands Tableaux, les trois quarts de fes têtes fentent le Portrait : c'eft ce qu'on peut voir dans le grand Tableau qu'il a peint à l'Ecole de la Charité , qui repréfente la Préfentation de la Vierge au Temple ; ce Tableau qui contient quarante Figures , en a à peine deux ou trois dans lefquelles on aperçoive quelqu'expreffion marquée des Paffions de l'ame. Blanchard , en imitant fidélement la Nature , n'a point négligé les expreffions ; & celles qu'on voit dans les Tableaux de Nôtre-Dame , en font des marques évidentes.

Le Titien dans fes Draperies a parfaitement imité les différentes étoffes ; mais M. de Piles lui reproche *de les avoir fouvent mal difpofées, en forte que leur plis tiennent plutôt du hafard , que d'un bon ordre & d'un fage principe.* Blanchard a mieux deffiné fes Draperies , les plis en font larges & bien difpofés ; mais la nature n'y eft point auffi bien imitée que dans celles

du Titien, & la diverſité des étoffes n'y
eſt point auſſi grande : cette diverſité donne
pourtant, au jugement de M. de Piles, un
grand éclat aux Tableaux, & les Peintres
qui négligent de l'acquérir ont très-grand
tort.

M. de Piles blâme le Titien du peu de
fidélité qu'il a eu dans l'Hiſtoire, *n'ayant,*
dit-il, *preſque point fait de Tableaux, où il*
n'ait été répréhenſible en cela. Mais ce défaut a été commun à preſque tous les
grands Peintres de l'Ecole Vénitienne, &
il ſemble qu'en voulant arracher l'appro-
bation des Spectateurs, par les beautés
raviſſantes qu'ils ont miſes dans leurs Tableaux, par le coloris, par le clair-obſcur,
par la vérité des étoffes, par la beauté des
Payſages, & par l'exacte imitation de la
Nature, ils ayent affecté de n'avoir pas le
ſens commun dans ce que l'on appelle le
Coſtume. Titien, Tintoret, Paul Veroneſe,
ont commis des anacroniſmes dans leurs

Ouvrages, qui marquent l'ignorance la plus profonde. Nous en citerons ici plusieurs exemples, qui pourront être usités aux Peintres, pour les empêcher de commettre de pareilles absurdités, qui déplaisent infiniment aux gens qui ont quelque connoissance de l'Histoire. Dans le Tableau du Titien de la Présentation de la Vierge au Temple, presque tous les Juifs sont habillés en Nobles Vénitiens; dans deux différentes Scenes du Tintoret qu'il a peintes, l'une dans l'Ecole de S. Paul, & l'autre dans l'Eglise de Saint Gervais & de Saint Protais, les Apôtres sont presque tous habillés comme des Païsans Albanois ; & pour donner moins le goût antique à ses Figures, au lieu de les placer sur des lits, comme les Anciens le pratiquoient, ils leur a donné des chaises de paille, telles que sont celles dont on se sert aujourd'hui, & leur a fait tenir à la main, au lieu d'armes, des flacons garnis de jonc, comme ceux où l'on met le vin, de *monte Pul-chiono*. Tout le monde connoît les défauts qui font contre le *Coſtume*, dans le fameux Tableau des Pélerins d'Emmaüs, de Paul Veroneſe. En voilà aſſez ſur cet article, contre lequel nos Peintres François n'ont preſque jamais péché, & que le Brun, Pouſſin & le Sueur ont ſi bien mis en uſage.

§. II.

Tintoret, & Van-loo le Pere.

CE s deux habiles Artiſtes ſe ſont reſ-ſemblés dans pluſieurs choſes ; mais ils ont éte oppoſés dans quelques autres.

Tintoret avoit une grande imagination, une facilité étonnante ; il lui falloit auſſi peu de tems pour faire un grand Tableau, qu'aux autres pour faire un Deſſein. Ce qui lui arriva, au ſujet d'une Eſquiſſe qu'il devoit faire en concurrence avec d'autres Peintres, eſt étonnant. *Il y avoit, dit M. de Piles, une place à remplir dans la même Chambre de l'Ecole de Saint Roch, où il a fait le beau Crucifix : pluſieurs Peintres ſe préſenterent & offrirent à faire chacun un Deſſein, afin qu'on préférât celui qui ſeroit trouvé le meilleur : les Concurrens étoient, Joſeph Salviati, Frédéric Zucere, Paul Veroneſe & le Tintoret ; les Confreres de Saint Roch acceptérent la propoſition, & fixérent un jour pour recevoir les Deſſeins ; mais Tintoret, au lieu du Deſſein, apporta un Tableau tout fait, & ſans autre façon, le mit en la place dont il étoit queſtion. Les autres Peintres eurent beau s'en plaindre, & dire que ce n'étoit point un Tableau qu'on demandoit, mais un Deſſeins ; le Tableau demeura en ſa place ; les Confreres, qui auroient bien voulu un Ouvrage d'une autre maniere que celle du Tintoret, pour le plaiſir de la variété, di-*

rent à ce Peintre, que s'il n'ôtoit son Tableau d'où il l'avoit mis, il n'en seroit pas payé : eh bien, leur dit-il, je vous en fais présent. Et le Tableau est encore aujourd'hui dans le même lieu.

Van-loo a eu, ainsi que Tintoret, un génie vaste, & propre à exécuter promptement les plus grandes Compositions; il peignit auprès d'Aix, dans la maison de campagne de M. Lenfant, un fort beau Plat-fond dans quinze jours; jamais Peintre n'a eu plus de feu que lui; & c'étoit ce qui avoit prévenu en sa faveur. Mr le Prince de Carignan, qui étoit accoutumé de voir en Italie tant de belles choses, fut cependant frapé d'en voir produire dans très-peu de temps à Van-loo, qui méritoient l'estime des Connoisseurs. Il y a divers grands Tableaux de lui, dans les Eglises de Paris, & entr'autres dans celles des Abbayes Saint Germain & Saint Martin, qui montrent le feu de son génie.

Van-loo n'étoit pas plus intéressé que Tintoret. J'ai oui-dire à ses enfans, que je connois, que leur pere avoit gagné plus de trois cens mille livres, dans quatre ans qu'il avoit passés à Londres, & qu'il n'en avoit pas raporté trente mille livres en France, ayant consumé tout le reste à régaler ses amis.

Tintoret a colorié d'un grand goût; beaucoup de ses Tableaux sont aussi beaux que ceux du Titien: il est vray que quelques-uns sont bien inférieurs à ceux de ce Prince, de la couleur; c'est ce qui fait dire à Annibal Carache, *qu'il avoit trouvé Tintoret quelquefois égal au Titien, & quelquefois bien au-dessous du Tintoret.*

Van-loo a possédé médiocrement la Science du Coloris; presque toujours ses couleurs locales sont triviales, quelquefois même elles sont sauvages. Son goût se ressent beaucoup de l'Ecole Romaine; il est souvent gris dans les clairs, & couleur de brique dans les ombres. Il a entendu parfaitement la Magie du clair-obfcur, comme il eft aifé de le voir par fon Tableau de la Délivrance de Saint Pierre-ès-liens, qui eft dans l'Eglife de Saint Germain ; mais il a oublié quelque-fois de mettre en ufage une chofe dont il connoiffoit l'importance. Le Tintoret au contraire, a toujours employé avec art le clair-obfcur dans tous fes Ta-bleaux, & l'on peut dire qu'aucun Pein-tre ne s'en eft fervi plus avantageufement que lui. Parmi plufieurs de fes Ouvra-ges que je pourrois citer ici, je me con-tenterai d'indiquer le grand Tableau qu'il a peint dans la grande Ecole de Saint Marc, qui repréfente la Tempête qui s'éle-va, lorfque les Alexandrins vouloient em-pêcher qu'on ne tranfporta à Venife, le Corps de Saint Marc : ce Tableau eft le Chef-d'œuvre de la Magie du clair-obfcur.

On ne peut pas dire que le Tintoret ait mal deſſiné ; il avoit beaucoup étudié d'après Michel-Ange , & en général ſon Deſſein eſt d'aſſez bon goût ; mais le feu de ſon eſprit l'a ſouvent rendu incorrect ; ſes attitudes ſont quelquefois forcées , & preſque toutes trop contractées : il y a même des Figures dans pluſieurs de ſes Tableaux , que les Connoiſſeurs appellent *Strapaſſées* , & auſquelles M. de Piles a donné le nom *d'extravagantes.* On pourra voir deux de ces Figures *Strapaſſées* dans le Tableau qu'il a peint *in un laterale dell albergo di San Rocco ,* & qui repréſente Jeſus-Chriſt , tenant un roſeau à la main.

Au reſte , je dois remarquer ici que le Tintoret n'a point chargé les Figures de Femmes , qu'il les a deſſinées d'une maniere bien plus gracieuſe que celles des Hommes. Il y a en Angleterre à Keinſengton , un grand Tableau du Tintoret, repréfentant les neuf Mufes, qui eft admirable.

Si Van-loo a beaucoup moins colorié que le Tintoret, il a deffiné beaucoup plus correctement, & d'une maniere infiniment plus élégante. Les Italiens mêmes qui ont connu Van-loo, lui ont toujours accordé la qualité de grand Deffinateur; & il faut qu'elle foit bien éminente dans lui, pour leur avoir arraché ces aveux.. Forcer les Peintres Italiens à louer les Artiftes François; c'eft une chofe auffi difficile, que d'obliger les diables à glorifier les Saints.

Le Tintoret a peint plufieurs Portraits fort beaux. Van-loo en a beaucoup fait, fur-tout en Angleterre, qui lui ont acquis une grande réputation.

Tintoret eut une fille qui eut du mérite dans la Peinture. Van-loo a laiffé deux enfans, qui ont de grands talens : l'un eft Peintre du Roi de Pruffe, & l'autre du Roi d'Efpagne.

Ce feroit ici le lieu de parler amplement de Carle Van-loo, frere de celui dont nous venons de faire mention : tout le monde connoît fon mérite fupérieur : il deffine comme le Carache, & colorie comme Rubens : mais nous nous fommes impofés la loi, en commençant cet Ouvrage, de ne faire aucune comparaifon entre les Peintres morts, & les Peintres vivans ; ainfi nous n'en parlerons pas davantage.

§. I I I.

Paul Veronefe, & la Foffe.

PAUL Veronefe s'eft fortement appliqué à l'étude de la Nature ; & il a tâché, autant qu'il a pû, de la voir de la maniere dont le Titien l'avoit vûe ; auffi a-t'il fort bien réuffi dans la couleur. Cependant M. de Piles, qui lui donne cette louange, le place au-deffus du Titien &

du

du Tintoret, & par conféquent du Georgion. Rapportons ici les propres termes de
ce grand Critique : *Quoique l'inclination de
Paul Veronefe le portât à une maniere vague
& recherchée avec des teintes Vierges, elles
ne font pourtant ni fi fraîches que celles du
Titien, ni fi vigoureufes & fanguines que
celles du Tintoret ; il me paroît même qu'il
y en a beaucoup qui tiennent un peu du
plomb, ce qui n'empêche pas qu'il n'ait mis
dans le général de fes couleurs un accord
admirable, principalement dans fes Draperies, aufquelles il a donné un brillant, une
variété, & une magnificence qui lui font
finguliers. L'harmonie qui s'y trouve vient
ordinairement des glacis & des couleurs rom-
pues qu'il a employées, lefquelles participant
l'une de l'autre ont infailliblement de l'union.*

La Foffe étudia beaucoup la Nature &
le Titien, ainfi qu'avoit fait Paul Veronefe; auffi a-t'il excellé dans la couleur :
on voit dans tous fes Ouvrages une grande

H

intelligence de teintes , & un effet admirable de couleur : il eſt cependant vrai , que de même que Paul Veroneſe n'a pû atteindre à la *fraîcheur* du Titien & à *la force ſanguine* du Tintoret ; la Foſſe n'a pu attraper le naturel du Titien ; ſon coloris , quoique bien étendu , & faiſant un grand effet , ſent un peu le Praticien.

Paul Veroneſe avoit un beau génie , une veine abondante , beaucoup de facilité , mais n'ayant pas eu le ſoin d'échauffer ſon eſprit par la lecture des bons Livres , il a produit ſouvent des choſes communes ; & M. de Piles l'accuſe d'être *tombé quelquefois juſques dans l'ineptie.* On ne peut diſconvenir que ce grand Peintre qui a fait des choſes admirables , a ſouvent négligé ſa réputation , plus occupé de l'envie d'expédier ſon Ouvrage , que de bien faire ; *de ſorte que* , dit M. de Piles , *ſes inventions ſont tantôt plates , & tantôt ingénieuſes.*

La Foſſe avoit le génie vaſte , l'imagination vive, mais cette imagination étoit foutenue & réglée par la connoiffance des Belles-Lettres. La Foffe, à la plus grande pratique de fon Art, joignoit beaucoup d'érudition ; jaloux de fa réputation, il ne s'eft jamais négligé : on reconnoît dans tous fes Tableaux un Peintre homme d'efprit.

Le talent principal de Paul Veronefe étoit pour les grandes Ordonnances ; il les rempliffoit agréablement, & y mettoit beaucoup de vérité & de mouvemens ; on voit de lui à Venife dans le Palais de Saint Marc, & dans les principales Eglifes, des Tableaux d'une beauté admirable. Cependant on y trouve à redire, avec raifon, que le choix des objets n'y eft pas toujours judicieux ; car en faifant entrer dans fa Compofition tout ce que fon imagination lui fournifloit de grand, de furprenant, de nouveau & d'extraordinaire ; il a beaucoup plus fongé à orner fes Tableaux, qu'à s'affujettir aux loix, que le tems, les coutumes & les lieux exigeoient. Ainfi il a manqué totalement au *Coftume*, comme nous l'avons déja remarqué en parlant du Tintoret.

Le génie de la Foffe étoit porté, ainfi que celui de Paul Veronefe, aux grandes Ordonnances ; le Dôme des Invalides immortalifera ce Peintre ; & parmi les belles chofes que Paris renferme dans fon fein, celle-là eft une des plus admirables, au jugement même des Etrangers. Il y a encore à Paris une autre Coupole, peinte par la Foffe, qui montre la fécondité & l'élévation de fon génie. Les Anglois, Juges fi févéres des talens des François, & toujours portés pour les Italiens à égalité de mérite, appellerent la Foffe à Londres ; il y fit plufieurs grands Tableaux, dans l'Hôtel de Milord Montaigu. Guillaume III. frappé de leur beauté, voulut l'engager à refter en Angleterre, lui promettant de grands

Ouvrages, & une récompenfe qui leur feroit proportionnée; mais la Fosse préféra le féjour de fa Patrie, à celui des Païs Etrangers. Il y a à Verfailles plufieurs grands Plat-fonds exécutés par cet habile Artifte. L'on voit toujours avec une nouvelle admiration les grands Tableaux qui font à Nôtre-Dame, dans lefquels la fagesse de la Compofition, la noblesse de l'Ordonnance font alliées avec le charme de la couleur.

Les Draperies de Paul Veronefe ne font pas, il eft vrai, toujours conformes à ce que demanderoit la bienféance des coutumes, mais elles font d'un grand goût; les plis en font grands, bien entendus, & comme elles font ordinairement d'étoffes de différentes efpéces, leur éclat dans lequél il y a cependant un grand accord, fait une des grandes beautés qui fe trouvent dans les Tableaux de Paul Veronefe.

La Fosse a ordinairement affez mal

jetté ſes Draperies, & les plis en ſont d'un goût très-médiocre.

M. de Piles remarque judicieuſement que, *quoique Paul Veroneſe ait eu de l'in-clination pour le Deſſein du Parmeſan, le ſien eſt néanmoins de mauvais goût, ſi l'on en excepte les Têtes qui ont du grand, du noble, & quelquefois du gracieux, ſes Figu-res ſont pourtant bien enſemble ſous leurs habits ; mais les contours du nud ont peu de goût & de correction, ſur-tout les piés. Il paroît néanmoins qu'il a pris ſoin de deſſiner les Femmes avec quelque élégance, ſelon l'idée qu'il s'étoit fait du beau naturel, car pour l'antique il ne l'a jamais connu.*

La Foſſe a manqué quelquefois de cor-rection dans le Deſſein ; ſon goût étoit chargé ; quelques-unes de ſes Figures ſont courtes, & un peu lourdes ; ſes airs de têtes ſont gracieux, ſur-tout ceux des Fem-mes.

Paul Veroneſe a peu peint de Payſages

confidérables dans fes Ouvrages, mais il
a fait des Ciels dans quelques-unes de fes
grandes Compofitions, dont les Connoiffeurs font enchantés. M. de Piles dit qu'ils
font *merveilleux* ; fes Lointaings & fes Ter-
raffes ont un air de trempe ; ce qui eft
très-vicieux.

La Foffe a fait de très-beaux Payfages ,
on peut même dire qu'il a excellé dans
cette partie.

M. de Piles prétend que Paul Veronefe,
n'a jamais compris l'artifice du clair-
obfcur, *& que ce qui s'en trouve dans quel-*
ques-uns de ces Tableaux , n'eft que l'effet
d'un bon mouvement de fon génie , indé-
pendamment du principe.

La Foffe a employé non feulement le
clair-obfcur avec connoiffance de caufe ,
mais il a excellé dans cette partie, comme
on peut le voir dans tous fes Ouvrages ;
car il n'en eft aucun, où fa connoiffance,
dans cette partie de la Peinture, ne paroiffe
avec éclat.   H iiij

Les Amateurs de la Peinture qui vivent à Paris, sont auffi en état de juger du mérite de Paul Veronefe fur fes Tableaux, que les Italiens ; car fans compter les Ouvrages de ce Peintre, qui fe trouvent chez plufieurs Particuliers, M. le Duc d'Orléans en poffède vingt Tableaux, parmi lefquels il s'en trouve une quinzaine dont les Figures font de grandeur humaine ; & le Roi en a vingt-fept, parmi lefquels eft le fameux Tableau des Pélerins d'Emmaüs, que tout le monde connoît. Au refte ce que je dis ici de Paul Veronefe, peut-être s'applique à tous les autres Peintres Italiens, je n'excepte pas même le Corége, dont les Ouvrages font fi rares ; car il y a treize Tableaux de ce Peintre dans le Cabinet de M. le Duc d'Orléans, & quatorze dans celui du Roi. En voilà autant qu'en ont tous les Princes de l'Europe enfemble dans les leurs ; je n'excepte pas même les Princes Italiens.

§. I V.

Palme le vieux, & Rigaud.

PALME le vieux peignit également l'Hiſtoire & le Portrait, & il réuſſit fort bien dans l'un & l'autre genre ; cependant ſon Deſſein n'a pas aſſez de fierté, & manque même quelquefois de correction.

Rigaud s'eſt beaucoup plus appliqué au Portrait qu'à l'Hiſtoire ; il a cependant fait pluſieurs Tableaux dans ce dernier genre, qui ſont d'une grande beauté, entre autre un Saint André, qui eſt dans la principale Sale de l'Académie de Peinture ; & l'on peut même regarder la plûpart des grands Portraits de Rigaud, comme de beaux Tableaux d'Hiſtoire ; ils ſont ornées de Payſages & de Batailles, qui feroient honneur à des Peintres qui ſe feroient adonnés purement à ces deux genres. Il faut pourtant convenir que Rigaud n'a jamais fait de grands Tableaux, tels que ceux que le Palme a peint à Venife dans l'École de Saint Marc, & dans différentes Eglifes de cette Ville, & l'on admire également dans ces Tableaux le coloris & l'invention. Rigaud a toujours deffiné d'une grande correction, & dans cette partie il eft fupérieur de beaucoup à Palme ; & je le dirai hardiment, à tous les Peintres de l'École Venitienne.

Palme, fans atteindre au point de perfection, auquel le Titien eft parvenu pour la couleur, a eu un coloris charmant ; & s'il n'a pas égalé fon Maître, il l'a approché de bien près ; fes chairs font d'une grande fraîcheur, & l'on voit dans fes Tableaux une union & une fonte de couleur admirable ; fes Draperies font vagues, & les plis en font de très-bon goût.

Palme faifoit tout d'après Nature, & il

la confultoit dans les moindres chofes, aufli voit-on beaucoup de vérité dans fes Ouvrages. A ces excellentes qualités de l'Artifte Italien, oppofons celles du Peintre François, & plaçons-en ici le portrait qu'en a fait un excellent Connoiffeur, pour qu'on ne nous accufe point de l'avoir trop loué. » Rigaud, dit-il, ne peignoit » rien que d'après Nature; fans la copier » fervilement, & telle qu'elle fe préfen- » toit à lui, il en faifoit un choix exquis : » étoffes, habillemens, jufqu'à une épée, » un Livre, tout étoit devant fes yeux, » & la vérité brilloit dans tout ce qu'il » faifoit. Les Draperies qu'il fçavoit varier » de cent manieres différentes, & faire » paroître d'une feule piece, par l'ingé- » nieufe liaifon des plis, faifoient fa prin- » cipale étude. S'il peignoit du velours, » du fatin, du taffetas, des fourrures, des » dentelles, on y portoit la main pour fe » détromper; les perruques, les cheveux

» si difficiles à peindre, n'étoient qu'un
» jeu pour lui ; les mains sur-tout dans ses
» Tableaux sont divines ; souvent pour se
» contenter lui-même, il effaçoit des choses
» qui l'avoient occupé plusieurs jours , &
» qui auroient satisfait les plus difficiles :
» le moindre coup de pinceau, un reflet ,
» un passage, un réveillon, n'étoit jamais
» placé que Rigaud ne pût en rendre
» compte : extrêmement propre dans ses
» couleurs, il en broyoit les plus belles,
» & ne négligoit rien pour en conserver
» la durée, jusqu'à charger lui-même sa pa-
» lette ; ses couleurs en effet, & ses teintes
» sont si vives, que ces premiers Ouvra-
» ges sont aussi frais que les derniers. Per-
» sonne n'ébauchoit ses Tableaux , les
» fonds même étoient de sa main ; sans en
» ôter le goût & la belle touche, sans qu'il
» y parut rien de peine ; il les finissoit avec
» une patience admirable. L'on ne doit
» pas cependant mal juger de ce long tra-

» vail ; quand il vouloit aller vîte , il pei-
» gnoit une Tête en deux heures de tems ;
» c'eſt ainſi qu'il a fait le Portrait de ſon
» Beau-pere , & un Enfant nû , qui eſt auſſi
» beau que s'il étoit du Vandeick. »

Le mérite de Palme n'a pas toujours été
égal ; il avoit beaucoup baiſſé dans ſes der-
nieres années ; les Ouvrages qu'il faiſoit
étoient très-médiocres, eu égard à ceux qu'il
avoit faits autrefois ; & l'on ne doit pas attribuer cette inégalité à ſon âge avancé ;
car quoi qu'on le nomme Palme le vieux ,
pour le diſtinguer de ſon Neveu , il n'a-
voit que quarante-huit ans quand il mourut : ainſi il faut attribuer au ſeul épuiſe-
ment du génie de Palme , la cauſe de la
décadence de ſon goût. L'exemple de ce
Peintre doit apprendre aux Artiſtes , qu'il
en eſt du génie , ainſi que du corps ; qu'il
faut lui donner toujours une nouvelle nourriture , qui ſerve à entretenir , & même à
augmenter ſa vigueur ; cette nourriture

confiste principalement dans la lecture des bons Livres, qui fourniſſent des idées nouvelles, & rappellent celles qu’on peut avoir perdues ; dans le conſeil des Connoiſſeurs, qui découvrent des défauts, que la rapidité de l’imagination, ou la diſtraction de ceux qui travaillent, les empêchent d’appercevoir ; dans l’examen perpétuel des Ouvrages des grands Artiſtes, qui ſont d’excellentes leçons, & qui découvrent le chemin qu’ont pris ces Hommes illuſtres, pour parvenir à ce dégré de perfection, où ils ont atteint.

Rigaud fit d’excellentes choſes juſqu’à la fin de ſa vie ; cependant il faut convenir que ſa derniere maniere eſt inférieure à ſa premiere ; la couleur tire un peu ſur le violet, & la pâte en eſt moins moëlleuſe ; ajoutons à cela que dans pluſieurs de ſes derniers Ouvrages, Rigaud a rendu ſes contours un peu ſecs, à force de vouloir finir ſes Tableaux.

Quelques belles que foient les Draperies de Rigaud, il feroit à fouhaitter que
dans plufieurs de fes Ouvrages, fur-tout
dans les derniers, elles euffent un peu
moins d'éclat; elle diminuent fouvent une
partie de l'attention qu'on porte à la tête
du Portrait. Le tems corrigera ce défaut,
qui pourroit être excufé dès aujourd'hui à
bien des égards; car il eft bien moins confidérable que ne l'ont dit les jaloux de la
gloire de ce grand Homme, par la maniere dont il a cherché à donner du repos
à ces Têtes.

Louis XIV. annoblit Rigaud, & le fit
Chevalier de Saint Michel.

§. V.

Palme le jeune, & l'Argiliere.

JACQUES Palme, fût appellé le *Jeune*, parce qu'il avoit quatre ans moins que son Oncle; mais il a beaucoup plus vécu que lui. Il fût éléve du Tintoret, dont il a suivi le goût; il avoit un fort beau génie; il a composé de fort grands Tableaux d'Histoire, & a fait de très-beaux Portraits; il y en a quelques-uns à Vienne dans la Galerie de l'Empereur, qui sont peints avec tout le goût possible. Le jeune Palme avoit une touche légere, un beau coloris; ses Draperies étoient bien jettées, & ses plis rompus d'une maniere habile. Son Dessein n'étoit pas toujours correct.

L'Argiliere, ainsi que Rigaud, a fait beaucoup plus de Portraits que de Tableaux d'Histoire; cependant il en a peint plusieurs plufieurs d'une grande beauté ; il en a fait entr'autres quatre , qui étoient dans fon Salon : tous les Amateurs qui ont connu ce grand homme, ne pouvoient affez les admirer. Il y avoit parmi ces quatre Ta-bleaux, un Crucifiment ; cet Ouvrage étoit un Chef-dœuvre pour la couleur , pour le pinceau , pour le clair-obfcur , qualités que Largiliere a poffédées à un dégré éminent, ainfi que l'art d'embellir les femmes. Il eft vrai qu'il étoit incorrect quelquefois, & que fes mains n'étoient point deffinées avec la même précifion , & la même élégance que celles de Rigaud. Les Draperies de Largiliere font d'un détail admirable.

Palme le jeune, féduit par l'avarice , quitta fa premiere maniere, qui étoit ex-cellente , pour en prendre une expéditive, & qui fe reffentoit plus de l'avidité du gain, que de l'amour de la gloire. Auffi voit-on plufieurs de fes Tableaux dans

I

lesquels on trouve, ainsi que dans ceux
du Tintoret son Maître, des Figures strapassées qui s'éloignent de la belle nature,
& dans lesquelles on ne peut louer que
la liberté de la main qui les a peintes.

Les derniers Ouvrages de Largiliere
sont indignes de ceux qu'il fit dans un
âge moins avancé. La vieillesse avoit fait
sur lui, ce que l'avarice produisit sur Palme
le jeune.

ÉCOLE
LOMBARDE
ET
BOULONOISE.

§. I.

Le Corége & Mignard.

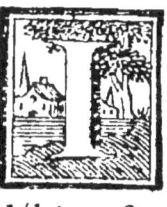L eft affez fingulier que le Corége ayant vécu dans un fiécle auffi voifin du nôtre, qu'on débite fur fa vie autant de Fables que fur celle d'Homére. Les uns veulent qu'il foit iffu d'une noble & ancienne Famille de Corége, & qu'il ait laiffé de grands biens à un fils unique qu'il

I ij

avoit : les autres, au contraire, le font fils d'un Laboureur, & soutiennent qu'il a toujours vécu dans l'indigence. Ils disent que sa mort fut occasionnée parce qu'on lui paya à Parme, deux cens livres en Monnoye de Cuivre, qu'il porta à pied pendant quatre lieues, dans la grande chaleur. La nécessité de soulager sa nombreuse Famille, lui fit faire ce voyage qui lui causa une Pleurésie, dont il mourut.

Quelques Auteurs prétendent que le Corége a été à Rome. L'Abbé de *Saint Gelais* est de ce sentiment, dans la Description des Tableaux du Palais Royal. *Le Corége,* dit-il, *pensoit si modestement de son mérite, qu'il ne se crût Peintre, qu'après que la réputation de Raphael l'eut fait aller à Rome, où ayant considéré longtems, les Tableaux de ce grand Maître dans un profond silence,* tout ce qu'il dit, fût : *Anche io son pittore.*

M. de Piles a dit la même chose que l'Abbé de S. Gelais : voici ses propres termes. » La renommée de Raphael donna » envie au Corége de voir Rome ; il y » confidéra attentivement les Tableaux de » ce grand Peintre , & le long filence qu'il » avoit gardé en les voyant , fut interrom- » pu par ces mots : *Anche io son pittore , en-* » *core suis-je Peintre.* » Une foule d'Ecri- vains font d'un fentiment oppofé à celui de M. de Piles : & prefque tous les Auteurs qui ont écrit la Vie des Peintres , foutiennent que le Corége n'a pas été à Rome , & qu'il a pu voir à Parme affez de Ta- bleaux de Raphael, pour dire ce qu'on lui fait dire à leur fujet. Quoiqu'il en foit de ces deux opinions, il n'en eft pas moins certain , que l'Auteur de la Vie des Peintres a tort de dire que M. de Piles & l'Abbé de Saint Gelais *font tom-* *bés en contradiction, quand ils ont fait* *venir le Corége à Rome, puifqu'ils avoient*

dit quelques lignes au deſſus , qu'il n'étoit
jamais venu dans cette Ville. Ces Auteurs
n'ont point dit que le Corége n'étoit jamais venu à Rome, mais ils ont dit fim-
plement qu'il n'y avoit jamais été avant
d'avoir fait tant de beaux Ouvrages que
nous admirons ; ainſi ils ont eu raiſon de
prétendre que ce grand homme n'étoit redevable de ſes talens , ni à l'Antique , ni
aux beaux Tableaux de Rome qu'il n'a-
voit jamais vûs ; la maniere dont M. de
Piles s'explique là-deſſus , eſt ſi claire ,
que je m'étonne que l'Auteur qui la critique , qui eſt un homme d'eſprit , & d'un
grand jugement , ait pû tomber dans une
ſemblable méprife. *La renommée de Ra-*
*phael , * dit M. de Piles, *donna envie au*
Corége de voir Rome ; il y conſidéra atten-
tivement les Tableaux de ce grand Pein-
tre ; & le long ſilence qu'il avoit gardé
en les voyant, fut interrompu par ces mots :
Anche io ſon pittore. *Cependant tous les*

beaux Ouvrages qu'il avoit faits jufqu'a-
lors, n'avoient pû le tirer d'extrême mi-
fére dans laquelle il fe trouvoit, parce que
le poids de fa Famille étoit grand, & la
récompenfe de fes travaux fort petite. Si
l'on fait attention que le Corége avoit
déja fait un grand nombre de beaux Ouvrages, quand il confidéra à Rome les
Tableaux de Raphael : on ne trouve plus
aucune contradiction dans ce que M. de
Piles a dit quelques lignes au-deffus ;
voici les expreffions de ce grand Connoiffeur. *Les Difciples ajoutant toujours
quelques progrès à ce qu'ils ont reçus de
leur Maître, il n'y a rien en cela que ce
qui arrive ordinairement à tous les Arts ;
mais il faut ici admirer & refpecter un
génie, qui, contre le Cours ordinaire,
fans avoir vû ni Rome, ni les Antiques,
ni les Ouvrages des habiles gens ; fans
Maître, fans protection, fans fortir de
fon Pays, au milieu de fa pauvreté, &*

sans autre secours que la Nature & l'affec-
tion qu'il avoit au travail, a produit des
Ouvrages d'un genre sublime, & dans les
pensées, & dans l'exécution. Qui ne voit
que M. de Piles, parle des excellens Ouvrages que le Corége avoit faits avant d'a-
voir jamais vû ni l'Antique, ni les Tableaux de Rome ; que tout ce qu'il a
dit à ce sujet est véritable, & n'empê-
cha cependant pas que ce Peintre n'ait pû
aller à Rome y voir les Tableaux de Raphael, & dire ce qu'on veut qu'il ait dit.
En justifiant M. de Piles sur la contradiction qu'on lui reprochoit, j'ai rendu le
même service à M. l'Abbé de S. Gelais :
car il s'est expliqué de la même maniere
que M. de Piles.

L'origine de la Famille de Mignard
n'est point incertaine, ainsi que celle du
Corége. Le pere de Mignard s'appelloit
More. Henry IV. le voyant avec six de
ses freres, tous Officiers bien faits, dit :

Ce ne font pas là des Mores , ce font des Mignards ; le nom , depuis ce tems-là , en refta à la Famille. Mignard fut deftiné par fon pere à la Médecine ; mais l'amour de la Peinture l'emporta fur la volonté du pere. Cet amour étoit fi fort , que , lorfque Mignard accompagnoit le Médecin , auprès duquel on l'avoit mis pour apprendre fon métier , au lieu de l'écouter , il deffinoit les attitudes du malade , & de ceux qui le fervoient. Sa Famille , voyant une inclination auffi forte , ne voulut point s'y oppofer ; & Mignard s'adonna entiérement à la Peinture.

Les penfées du Corége font élevées ; mais leur élévation ne leur fait rien perdre de cette grace , qui plaît par une noble fimplicité. Il a également bien compofé des fujets Galans , & de grands fujets d'Hiftoire. La Coupole de l'Eglife de Parme , & celle de Saint Jean des Bénédictins , montrent l'étendue de fon génie ,

& combien il a excellé dans les grandes Compositions, & dans la Magie du Plat-fond. Tout le monde peut voir, par les Tableaux qui sont chez le Roi & chez M. le Duc d'Orleans, qu'il n'a pas moins réussi dans les Tableaux de la Fable; & ce grand homme a également bien entendu l'Histoire, l'Allégorie, & les sujets que les Poëtes anciens fournissent aux Peintres, en si grande abondance. Il a divinement peint les Vierges; il y a plusieurs Saintes Familles de lui, qui sont admirables; son Tableau, qui représente la Naissance de Notre-Seigneur, & qu'on nomme communément *la Nuit du Corége.* est un Chef-d'œuvre.

Mignard, ainsi que Corége, a réussi dans les sujets d'Histoire, & dans ceux de la Fable; soit qu'il les ait traités en grand, soit qu'il les ait exécutés en petit. Le Dôme du Val-de-Grace est un Chef-d'œuvre pour la composition; & Mignard a montré dans cet Ouvrage, qu'il avoit un des plus beaux génies qu'il y ait eû depuis le renouvellement de la Peinture. L'Auteur qui a écrit la Vie de Mignard, a eu raison de dire, que le Val-de-Grace n'est pas moins le triomphe de la Peinture, que celui de Mignard. Voici ce qu'il ajoute ensuite. *Jamais production de l'Art ne mérita mieux l'Epithéte Italienne, dont il est difficile de faire passer toute l'énergie en notre Langue :* Opera da stupire ; *il faut que l'Auteur se soit élevé dans le Ciel par la force de son imagination, pour donner des idées si belles & si sublimes.* Ajoutons que, dans ce superbe Ouvrage, la belle touche égale la grande composition ; le seul défaut qu'on puisse y trouver, & dont Mignard n'est point la cause, c'est que ce Peintre ayant voulu retoucher dans quelques endroits ce Plat-fond au Pastel, le ton de couleur naturel a été altéré par le tems, & ces endroits tirent

fur le violet. Au refte, je crois devoir remarquer que le tems a encore plus mal-
traité la Coupole de la grande Eglife de
Parme ; cependant on y voit encore dans
plufieurs endroits des marques fenfibles
qu'elle a été coloriée d'une maniere admirable.

Les Ouvrages que Mignard a peints à
S. Cloud, font des preuves convainquan-
tes qu'il a fçû, ainfi que le Corége, traiter également bien les fujets de la Fable
& ceux de l'Hiftoire. Les Peintures de S.
Cloud parurent fi belles à Louis XIV ;
Prince, dont le bon goût pour les Arts
ne peut être revoqué en doute, qu'après
avoir confidéré plus d'une heure les différentes béautés de la Galerie du Salon,
il ne pût s'empêcher de dire à Madame :
*je fouhaite fort que les Peintures de ma
Galerie de Verfailles répondent à la beauté
de celles-ci.* En effet, il faut convenir que
les Ouvrages que Mignard a peints à S.

Cloud font d'une grande beauté. Malheur à ceux qui font ignorans pour ne pas en être charmés, ou affez prévenus par leurs préjugés pour chercher à les déprifer.

On loue dans les Ouvrages du Corége la fraîcheur, la force du coloris, la vérité & l'excellente maniere d'empâter les couleurs, & la fonte de fes mêmes couleurs. Mignard a eu les mêmes qualités; il les a portées dans fes Ouvrages à un dégré fublime; l'on peut aifément fe convaincre de la reffemblance des talens de ces deux grands Artiftes, en confultant leurs Tableaux, qui font-dans les Salons du Luxembourg. On en verra quatre de Mignard, dans lefquels on trouvera un fini précieux, une fonte de couleur admirable, un coloris frais & vigoureux: &, fi parmi fes quatre Tableaux, on examine bien attentivement le plus grand, qui eft une Vierge & l'Enfant Jefus; & qu'on aille enfuite confidérer avec la même attention, le grand Tableau du Corége repréfentant un Satire qui regarde une Femme qui dort, & qui a un amour auprès d'elle, on verra que Mignard, ayant quelquefois fondu, empâté & colorié comme le Corége, a encore deffiné plus correctement que lui : car, quoique cet Artifte Italien ait deffiné avec goût, cependant fes contours ne font pas corrects. Il eft vray que la grace a réparé ce qui lui a manqué du côté du Deffein ; mais fi Mignard a eu, en général, moins de grace, il a eu plus de correction. Au refte j'accorde à Mignard la correction, eu égard au Corége : car comparé aux Raphael, aux le Sueur, aux Caraches, aux le Brun, il n'a pas toujours été correct.

J'ai fait l'éloge des Vierges du Corége ; Mignard en a peint à Rome plufieurs que les Italiens appellent des Mignardes, pour marquer leur délicateffe ; elles font remplies de grace. Ce Peintre a fait plusieurs Ouvrages dans quelques Eglises de Rome, entr'autres un Tableau dans l'Eglise de Saint Antoine, représentant ce Saint, auquel je renvoye les Italiens qui voudront juger sans prévention, pour sçavoir si Mignard a fondu, colorié & empâté assez bien, pour que ses meilleurs Tableaux; car je ne parle que de ceux où il a excellé; puissent être comparés à ceux du Corége, la grace à part: car je conviens, pour me servir des termes de M. de Piles, que jamais Peintre ne la eue, avec tant de plenitude, que le Corége.

§. II.

Parmesan & Noel Coypel.

FRANÇOIS Mazzoli fut appellé Parmesan, parce qu'il étoit né à Parme. On dit qu'il aima si fort son Art, que, comme un autre Protogène, il l'exerça pendant le Sac de Rome en 1527. Il étoit enfermé dans cette Ville, & y travailloit tranquillement, pendant que l'armée de Charles-Quint la mettoit au pillage, quelques Soldats qui le trouverent peignant, furent surpris de sa tranquillité, & le laisserent continuer; il ne lui en couta que quelques Desseins que prit un d'entr'eux qui aimoit la Peinture. Une nouvelle bande de Soldats, qui succeda bientôt à cette premiere, ne fut point aussi généreuse ; elle fit Prisonnier le Parmesan, & il fut obligé de racheter sa rançon. Le

Le Parmesan étudia beaucoup les Ouvrages de Raphael & ceux de Michel-Ange pour le Dessein ; & des deux différentes manieres de ces grands Peintres, il s'en forma une troisiéme, qui étoit d'un grand goût. Il imita aussi le Corége en bien des choses ; & il a mieux colorié que les deux grands Peintres qu'il avoit pris pour modéle dans le Dessein.

Noel Coypel forma son goût sur celui du Raphael François, & l'on voit dans ses Ouvrages que le Sueur lui revient dans toutes ses Compositions : il a fort bien colorié ; & ses Tableaux, qui sont en grand nombre dans les Eglises de Paris & dans les Maisons Royales des Tuilleries & de Versailles, montrent les talens supérieurs de ce Peintre.

M. de Piles remarque que le Parmesan n'avoit pas l'esprit d'une grande étendue, & que l'attention qu'il donnoit à ses Figures en particulier, diminuoit beaucoup

K

telle qu'il devoit à l'expreſſion de ſes
Figures en général ; ſes penſées d'ailleurs
étoient aſſez communes , & l'on ne voit
pas qu'il ait pénétré bien avant dans le
cœur de l'homme ni dans les paſſions
de l'ame ; mais bien que la grace, qui eſt
dans ſes Ouvrages , ne ſoit que ſuperfi-
cielle , elle ne laiſſe pas de ſurprendre les
yeux par beaucoup de charmes. Il donnoit beaucoup de grace à ſes attitudes ,
auſſi-bien qu'à ſes têtes ; & l'on peut voir
par ſes Ouvrages , qu'il cherchoit plutôt
à plaire par cet endroit, qu'il n'étoit occupé de la véritable expreſſion de ſon ſujet. Il conſultoit peu la Nature, qui eſt la
mere de la diverſité , ou il la réduiſoit
à l'habitude qu'il avoit contractée, gracieuſe à la vérité ; mais qui tomboit en
ce qu'on appelloit maniere. Il eſt certain
que le Parmeſán a ſouvent réiteré les
mêmes airs & les mêmes proportions : on
peut en voir un exemple dans les deux

Tableaux qui font gravés dans le Cabinet de M. de Boyer d'Aiguilles ; mais on peut dire que ce qui a fait plaifir une fois dans les Ouvrages du Parmefan, le fait encore par tout où il fe trouve.

Noel Coypel a eu l'efprit d'une grande étendue, fes penfées font fublimes, & l'on voit qu'il a pénétré bien avant dans le cœur de l'homme. Il connoiffoit à fond les paffions de l'ame. Ses têtes font dans le goût antique, & fes expreffions fon fortes, fans être outrées. On voit, avec éclat, toutes ces grandes qualités, dans quatre fujets de l'Hiftoire Greque & Romaine, que Noel Coypel fit à Rome, pour être dans le Cabinet du Confeil à Verfailles. Ces quatres Tableaux avant d'être envoyés en France, furent expofés à la Rotonde avec un applaudiffement général. Voici le fujet du premier, tiré de Plutarque : *Quand Solon eut publié fes Loix dans Athénes, il étoit tous les jours importuné d'une foule de gens qui étoient chez lui pour les louer ou pour les repren-dre, pour le prier d'ajouter ce qui leur étoit venu dans l'esprit, ou pour l'obliger d'en retrancher ; la plûpart même l'interrogeoient sur chaque Article, & vouloient qu'il les leur expliquât & leur en marquât le sens.*

Le second Tableau repréfente Ptolomée Philadelphe Roi d'Egypte, qui donna la liberté aux Juifs qui étoient prifonniers dans fes États.

On voit dans le troifiéme Tableau, l'Empereur Trajan, qui donne des Audien-ces publiques aux Romains.

Le quatriéme, qui n'eft pas moins beau que les trois autres, repréfente l'Em-pereur Sévere, qui fait diftribuer du bled au Peuple Romain dans un tems de fa-mine. Ces Tableaux font dignes d'être placés à côté de ceux que le Pouffin a compofés avec le plus de foin, & qui lui ont acquis le titre de *Peintre des gens* d'esprit ; il y a même dans ces Tableaux une couleur bien plus vigoureuse que dans celle du Poussin.

Le Parmesan a fait quelquefois des Figures un peu Gigantesques ; il y en a quelques-unes, dans certains Ouvrages de Coypel, qui ont un peu de roideur.

Le Parmesan a fait de fort beaux Paysages dans ses Tableaux ; Coypel a orné les fonds des siens d'Architecture, qu'il a fort bien exécutée, & qui leur donne un grand éclat.

Le Parmesan mourut pauvre, malgré ses talens supérieurs. Noel Coypel sçût mieux profiter des siens ; il devint Directeur de l'Académie après la mort de Mignard, & Louis XIV. lui donna mille écus de Pension.

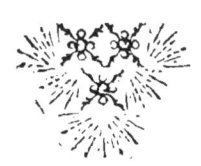

§. I I I.

Annibal Carache & le Bourdon.

LEs trois Caraches, Louis qui fut le
Coufin , le Maître, en fuite l'Emu-
le d'Auguftin & d'Annibal , ont eu tous
les trois des talens fupérieurs, & méritent d'être placés parmi les plus grands
Peintres ; mais comme ils ont eu, à peu
de chofe près , la même maniere, je me
contenterai de parler d'Annibal Carache ;
puifque ce que je dirois des autres , pour
le goût du Deffein , des Draperies & de
la Couleur, ne feroit qu'une répétition.
M. de Piles a judicieufement remarqué
que la petite différence que l'on apper-
çoit dans la maniere des Caraches, ne
vient que de la diverfité de leur tempe-
rament.

Louis avoit moins de feu , plus de

grandeur & de correction ; Auguſtin plus
de gentilleſſe ; & Annibal plus de fierté &
de ſingularité dans ſes penſées, plus de
profondeur dans le Deſſein, plus de vivacité dans l'expreſſion, & plus de fermeté
dans l'exécution.

Annibal Carache a deſſiné d'un grand
goût ; cependant ſa maniere eſt trop char-
gée, ſes Femmes ſont quelquefois Gigan-
teſques, & deviennent par-là peu agréables ; comme on peut le voir par l'Androméde, peinte dans la Galerie Farneſe.

Les Contours de ſes Figures d'Hommes
ſont d'une grande fierté, mais ils ſont
quelquefois un peu trop prononcés, &
péchent par n'être pas aſſez fondus. Un
grand Connoiſſeur qui reproche ce défaut
au Carache, remarque qu'il a été commun preſque à tous ceux qui ont correctement deſſiné : *Ils ont crû,* dit M. de
Piles, qu'ils perdroient le fruit de leurs tra-
vaux, s'ils laiſſoient ignorer au monde à

K iiij

quel point ils poſſédoient cette partie, &.
qu'on leur pardonneroit aſſez tout ce qui
leur manque d'ailleurs, quand on feroit
content de la régularité de leur Deſſein.
Ils ont eu ſi peur qu'elle n'échapât aux
yeux, qu'ils n'ont point eu de ſcrupule de
les offenſer par la crudité de leurs Contours.

Le Bourdon a deſſiné avec beaucoup de
feu & de facilité. La Nature lui avoit
donné une ſi grande diſpoſition pour la
Peinture, qu'à l'âge de 14. ans, il peignit à freſque le Plat-fond de la Sale d'un
Château. Cependant, malgré cette diſpoſition étonnante, & un voyage de trois
ans à Rome, le Bourdon a été peu correct dans les extrémités de ſes Figures.

Annibal-Carache a eu un goût de couleur très-médiocre ; ſes ombres ſont trop
noires, & ſes clairs tirent un peu ſur le
violet : il a eu une très-foible connoiſſance du clair-obſcur, ce qui paroît

évidemment dans la Galerie qu'il a peinte au Palais Farnese. En vain, pour excuser la foibleffe de fon coloris, les Admirateurs outrés des Artiftes Italiens, difent qu'il faut attribuer au tems, les défauts qu'on y découvre : nous répondons à cela deux chofes ; la premiere, que nous avons déja prouvée par l'exemple du Titien & du Corége, que les Tableaux bien coloriés, au lieu de devenir noirs & violets, prennent un ton doré ; la feconde, c'eft qu'un Juge impartial, & le plus grand Connoiffeur de l'Europe, convient que le Carache a été un très-médiocre Colorifte. *Malgré l'eftime, dit-il, qu'il avoit pour les Ouvrages du Titien & du Corége, fon coloris n'eft guéres forti de la voye commune. Il n'a pas pénétré dans l'Artifice du clair-obfcur, & fes couleurs locales ne font pas bien précieufes. Ainfi ce qui fe trouve de bon dans fes Tableaux, touchant le coloris, n'eft pas tant l'effet des princi-*

pes de l'Art, que des bons momens de son génie, ou des réminiscences du Titien & du Corége.

Le Bourdon a excellé dans la partie du coloris; ses couleurs locales sont d'un grand goût & d'une fraîcheur admirable : c'est ce qui l'a fait appeller un second Corége, *Coregius alter*. Son pinceau est d'une facilité admirable; il sçavoit se servir parfaitement de la Magie du clair-obscur, & l'on voit, avec un plaisir, mêlé d'admiration, avec quel avantage il l'a employée dans le célébre Tableau qu'il a peint à Nôtre-Dame, qui représente le Martyre de Saint Pierre : cet Ouvrage est un des plus beaux qui ait été exécuté depuis le renouvellement de la Peinture.

Le Bourdon avoit un génie plein de feu, quelquefois même sa trop grande vivacité devenoit nuisible. Il a fait des Tableaux, où, à force d'être singulier, il est devenu bizare. Cependant ce n'est pas dans ses plus grands Ouvrages où il a donné dans ce goût un peu sauvage : car la belle Galerie qu'il a peinte à l'Hôtel de Bretonvilliers, au jugement des plus séveres Critiques, est un Ouvrage digne des premiers tems.

Annibal Carache étoit extrêmement ignorant, il n'avoit point étudié ; sans aucune teinture de Belles-Lettres, il donnoit toute son attention à l'exécution de la Peinture ; cependant ses compositions sont toujours sages ; & le bizare n'est jamais chez lui allié au sublime, ainsi que chez le Bourdon, parce que pour suppléer au défaut de son génie, il se servoit du secours de son frere Augustin, de celui de Monseignor Aguequi ; en sorte qu'il s'aproprioit les lumieres de ces deux personnes, & qu'avec un génie médiocre, il a fait des choses aussi sublimes que le Bourdon, & n'est point tombé dans ces défauts. Bel exemple pour les Peintres, qui se défiant de leur génie, ont la prudence de se servir sagement du secours des personnes, qui peuvent leur donner ce qui leur manque pour aller à l'immortalité.

Le Carache fut très-mal recompensé de ses peines. Le Comte Malvasi nous a conservé une lettre, par laquelle il paroît que ce grand Peintre, en travaillant à la Galerie du Palais Farnese, n'avoit que dix écus par jour, quoiqu'il méritoit, par le travail qu'il faisoit, d'en gagner plus de mille, & qu'il travailloit toute la journée comme un cheval qui tire la charue. Il est aisé de voir cette Lettre dans l'Ouvrage de ce Connoisseur Italien, & qui ne s'est point fait un scrupule de juger sa Nation avec intégrité & sans humeur partiale. Cet exemple du mérite & du talent mal récompensé, est souvent répété en Italie, & ne fait guéres honneur aux Italiens. Je ne m'étonne pas si aujourd'hui les gens qui se distinguent parmi eux, soit dans la Peinture, soit dans la Musique, quittent leur Patrie, pour aller à Berlin, à Londres, à Madrid. Je suis bien persuadé que, si Carle Van-Loo avoit été traité à Paris, comme le Carache à Rome, il n'auroit pas hésité de quitter son pays, & de prendre douze mille francs de Pension du Roi de Prusse, ses Ouvrages payés à part, ce qui lui auroit raporté en tout, plus de trente mille livres, sans être obligé à d'autres frais qu'aux couleurs qu'il eut employées à ses Tableaux.

Le Bourdon naquit pauvre, & mourut Recteur de l'Académie Royale, avec du bien qu'il avoit amassé.

Annibal a eu un excellent goût pour le Paysage, ses Arbres sont d'une forme exquise & d'une touche légere.

Le Bourdon a fait des Paysages qui

ont attiré, je ne dis pas le suffrage, mais
l'admiration de tous les Connoisseurs.
On y voit des effets, qui, par leur fingularité, n'en font que plus piquans,
& qui font exécutés d'une maniere auffi
ingénieufe que facile.

§. I V.

Le Dominicain & Jouvenet.

LEs Lecteurs fe feront aifément aper-
çus que lorfqu'il s'agit de louer un
Artifte Italien, je n'emprunte le fecours
de perfonne; il n'en eft pas de même de
blâmer, je cherche à apuyer ce que je
dis, de l'autorité des plus grands Connoiffeurs : au contraire, lorfqu'il faut
condamner quelques défauts dans un Peintre François, je n'ai recours à l'autorité
de perfonne, je prononce hardiment fon

Arrêt ; mais s'il faut le louer, j'aime mieux faire parler ceux qui ont rendu justice à son mérite. La raison de ma conduite est fort aisée à comprendre, & je crois que la plûpart de mes Lecteurs l'auront devinée aisément. Je dirai ici, pour ceux qui auroient pû ne pas la sentir, que ce qui m'a fait agir de la forte, est pour mettre, dans la plus grande évidence, l'impartialité des jugemens qu'on trouvera dans cet Ouvrage. Je suis François, & je n'ai à y garantir que les louanges que je donne aux Italiens, & les Critiques que je fais des François. Si, après cela on dit que le préjugé de la Nation m'a séduit, on sera bien mal fondé à me faire ce reproche ; au reste je place cette Réfléxion dans cet Article, parce qu'ayant à condamner le Dominicain en plusieurs choses, je laisserai parler M. de Piles.

Le Dominicain avoit reçu de la Nature un génie lourd & tardif ; il n'a dû les connoiſſances qu'il a acquiſes, qu'à ſa ſeule opiniâtreté dans le travail. *Son eſprit, dit un fameux Critique, enveloppé comme un Ver à ſoye dans ſa coque, après avoir long-tems travaillé dans une eſpece de ſolitude, ſe ſentant développé des filets de l'ignorance, & échauffé par l'activité de de ſes penſées, prit l'eſſort & ſe fit admirer, non-ſeulement des Caraches, qui l'avoient ſoutenu, mais encore de leurs Diſciples, qui avoient tâchés de le rebuter... Il eſt cependant très-vray-ſemblable que les parties de la Peinture, que le Dominiquain poſſédoit; étoient une récompenſe de ſes fatigues, plutôt qu'un effet de ſon génie.*

Jouvenet nâquit Peintre, & la Nature lui prodigua, avec profuſion, les dons qu'elle avoit refuſés au Dominiquain. A l'âge de dix-ſept ans, ayant quitté à Rouen ſon pere, Peintre très-médiocre, il vint à Paris, où, aidé de ſon ſeul génie, & de la facilité naturelle qu'il

avoit

avoir, il parvint au point, dans un âge peu avancé, de réunir en lui presque toutes les principales parties de la Peinture. Il n'avoit que vingt-neuf ans, quand il fit, pour l'Eglise de Nôtre-Dame, le fameux Tableau de la Guérison du Paralitique, qui fait l'admiration de tous les Connoisseurs. Jouvenet étoit né pour les grandes Compositions ; son génie plein de feu lui fournissoit abondamment de quoi donner de la grandeur aux sujets les plus simples ; il a également bien traité l'Histoire, la Fable, les sujets Saints & les prophanes. Il employoit l'Allégorie avec beaucoup d'esprit. Il a souvent placé dans ses grands Tableaux, & dans ses excellens Plat-fonds, des Episodes avec toute la sagesse & la convenance, qu'auroit pu le faire dans un Poëme le Poëte le plus éclairé.

Le Dominicain a eu un grand goût pour donner à toutes ses Figures, l'air de

L

tête qui leur convient, il a fort bien peint
les paſſions de l'ame, & il eſt étonnant
qu'avec le génie peſant qu'il avoit, il
ait ſi bien connu les mouvemens de l'áme.
Il a deſſiné d'une très-grande correction.
Il a beaucoup approché de la perfection
de Raphael dans cette partie; mais il a
encore marqué les contours plus féche-
ment que ce grand Peintre, & n'a pas
eu autant de nobleſſe & de grace que
lui.

Jouvenet à deſſiné correctement & d'une
grande maniere; il eſt vray qu'on peut
lui faire le même reproche qu'au Carache, & l'accuſer d'être un peu trop chargé : & ce reproche eſt encore plus conſidérable en tombant ſur lui, parce qu'il
n'eſt point auſſi élégant que le Carache,
dont les contours d'une fierté admirable
cachent une partie des défauts des Figures
qu'il a trop chargées. Les expreſſions de Jouvenet ſont vives ; ſes airs de têtes, deſſi-

hés d'une façon admirable, marquent avec la plus grande force, & la vérité la plus exacte, les paffions de l'ame; c'eft ce qu'on peut voir par les quatre grands Tableaux qui occupent toute la Nef de l'Abbaye de Saint Martin, fi l'on en excepte le Chœur, & dans quelques autres grands Ouvrages qu'il a peints dans plufieurs Eglifes de Paris.

M. de Piles dit, que le Dominicain *a eu un affez bon choix d'attitudes, mais qu'il a très-mal entendu la collocation des Figures, & la difpofition du tout enfemble.* On peut voir par le Tableau du Dominicain, repréfentant Armide & Renaud, & par celui où ce Peintre a peint Thimoclée en préfence d'Alexandre, que le reproche de M. de Piles n'eft pas fans fondement. Ces deux Tableaux font expofés dans le Salon du Luxembourg. Ajoutons encore à ces deux exemples un troifiéme. L'on regarde le Tableau que le Dominicain a

peint, Dieu porté fur des Anges, chaffant
Adam & Éve du Paradis Terreftre, comme un des plus beaux morceaux qu'il ait
fait, & il faut convenir qu'il y a dans
cet Ouvrage, des chofes admirables pour
le Deffein, pour les airs de têtes, & même pour la grandeur des penfées. Je doute
qu'il y ait rien de plus fublime en Peinture, que le Groupe d'Anges qui foutient
la Figure du Pere Éternel, & cette même
Figure du Pere Éternel, dans laquelle on
voit que l'efprit du Peintre s'eft élevé vers
Dieu, autant qu'il eft poffible à l'efprit
humain d'y parvenir ; mais les Figures d'A-
dam & d'Éve, quoique deffinées parfaitement bien, ne répondent point à la
grandeur du refte du Tableau. Elles
ont très-peu de nobleffe ; & la fimplicité que le Peintre leur a donnée, tire
un peu vers la baffeffe ; & celle d'Éve
n'eft point difpofée : car elle n'eft point
naturellement frappée de l'éclat de la Ma-

jefté Divine ; elle refte tranquillement affife. Au refte le Tableau dont je parle, eft dans le Cabinet du Roi, & fera, fans doute, comme les autres, expofé à fon tour, dans les Salons du Luxembourg.

Jouvenet a parfaitement bien difpofé fes Figures ; elles font placées fur le plan, fur lequel elles doivent être ; leur attitude eft naturelle aux paffions de l'ame, dont le Peintre a voulu qu'elles fuffent agitées ; leur contrafte eft bien imaginé, & l'on diroit qu'elles font toutes en mouvemens.

Un Auteur Moderne François, ayant copié apparemment trop fidélement les Écrivains Italiens, & s'étant fié aux éloges qu'ils donnent à leurs Compatriotes, contre lefquels un fage Critique doit être toujours en garde, a avancé que le Dominicain *étoit grand Colorifte*. Je ferois prefque tenté de croire que cette décifion eft une faute d'Impreffion, & que l'Im-

primeur a mis *grand* à la place de *médio-*
cre ; je dis *médiocre*, parce que j'avoue
naturellement, que je ne vois pas que le
coloris du Dominicain, quoique foible,
& tirant fur le noir dans les ombres, foit
auffi mauvais, que le dit M. de Piles.
Mais fi ce Critique eft un peu trop févere, il faut avouer qu'il eft cependant infiniment plus jufte, que l'Auteur que je
condamne. Pour voir que le Dominicain n'a pas été grand Colorifte, on n'a
qu'à confidérer, je ne dis pas les deux
Tableaux qui font au Luxembourg, &
dont je viens de parler ; car ceux-là, fur-
tout celui d'Armide & de Renaud, font
plus que médiocres pour la couleur : mais
je parle de tous ceux qui font au Palais
Royal, parmi lefquels il y en a d'infiniment mieux coloriés ; de même que celui
qui eft au Luxembourg, qui repréfente
un Concert de Mufique, dont le coloris
eft bien meilleur que celui des deux autres.

cependant on ne peut pas dire que ces
Tableaux fortent de la main *d'un grand
Coloriſte*. Au reſte, comme M. de Piles
condamne pluſieurs autres choſes dans le
Dominicain, je raporterai ce qu'il dit au
ſujet de ces choſes, & du coloris de cet
Artiſte. *Les Draperies du Dominicain ſont
très-mauvaiſes, très-mal jettées, & d'une
dureté extrême; ſon Payſage eſt du goût
du Carache, mais exécuté d'une main peſante; ſes carnations donnent dans le gris,
& tiennent peu du caractère de la vérité;
ſon clair-obſcur eſt encore plus mauvais,
ſon pinceau peſant, & ſon Ouvrage fort
ſec.* Remarquons encore ici, que le même
Auteur, qui eſt contraire à M. de Piles au
ſujet du Dominicain, lui eſt encore oppo-
ſé en ce qui regarde le Payſage: car il
prétend que cet Artiſte étoit *très-bon Payſagiſte*; & M. de Piles remarque avec raiſon, que les Payſages du Dominicain
ſont exécutés d'une main peſante; pour

s'en convaincre, on n'a qu'à les examiner
avec quelqu'attention : car ce défaut est
si frapant, qu'il n'en faut pas une grande. M. l'Abbé de S. Gelais a parlé comme
M. de Piles : je raporterai ici son sentiment ; puisque c'est une nouvelle con-
damnation de l'Auteur que je critique.

Les attitudes du Dominicain , dit M.
l'Abbé de S. Gelais *, étoient bien choisies ;
mais il entendoit mal la disposition du tout
ensemble ; ses Draperies sont mal jettées ;
son Paysage tient du Carache , sans être
léger , & ses carnations donnent dans le
gris.*

Jouvenet a fort bien fait les Draperies
& les a parfaitement jettées ; les plis en
sont de grand goût. Il a excellé dans le
clair-obscur ; l'on voit dans ses Tableaux
des effets admirables , par la grande intelligence qu'il en a eue. Son coloris tire
trop sur le jaûne.

Le même Auteur qui a érigé le Dominicain en grand Coloriste, prétend aussi que les beaux Tableaux de Jouvenet sont exempts de ce défaut ; mais nous nions cela, & après l'avoir condamné de louer mal-à-propos un Artiste Italien, nous lui faisons le même reproche au sujet d'un François ; & pour lui prouver que Jouvenet a trop donné dans le jaûne, dans ses plus beaux Tableaux, ainsi que dans les autres, nous le renvoyons à la considération des quatre Tableaux de l'Eglise S. Germain, il y verra évidemment que le coloris de Jouvenet tire trop sur le jaûne, même dans ses meilleurs Ouvrages.

Les Editeurs du Dictionnaire de Moreri, de l'Édition de 1725, ont dit bien des sottises au sujet de Jouvenet ; mais il y en a tant d'autres dans cet Ouvrage, que ce seroit perdre son tems que de vouloir en relever une.

Jouvenet n'a fait qu'un seul Eleve ; c'est Monsieur Restout son neveu : il vit

encore ; ainſi nous n'en parlerons point
quoiqu'il ſoit digne de ſon Maître, &
qu'il ait enrichi nos Egliſes d'un grand
nombre d'excellens Tableaux , où la
correction du Deſſein eſt jointe à l'excellente Compoſition. Nous ſuivrons la
loi que nous nous ſommes impoſée, &
nous n'en dirons rien de plus.

§. V.

Michel-Ange de Caravage & le Valentin.

LES comparaisons seroient courtes & bien uniformes, si l'on trouvoit toujours des Peintres qui se ressemblassent, autant par leur talens, que ces deux-ci.

Michel-Ange de Caravage a eu une maniere fort vraye, & qui fait un grand effet : il a eu peu de grace ; mais le charme de la couleur, s'y joignant avec la fierté du pinceau, & le relief que donnent les ombres tranchantes, la rendent d'une force surprenante. Il n'est pas surprenant qu'elle ait eu & qu'elle ait encore aujourd'hui beaucoup de pouvoir sur les yeux les plus éclairés. M. de Piles remarque, qu'elle a presque entraîné l'École des Caraches, sans parler du Guerchin qui

ne l'a jamais abandonnée. Le Guide & le
Dominicain ont été tentés de la fuivre,
& l'ont même fuivi dans leur premiere
maniere. M. de Piles croit que la feule
chofe qui en a dégoûté ces deux grands
Artiftes, c'eft le goût peu noble du Deffein
qui s'y trouve attaché, & le choix de fa
lumiere toujours le même dans toutes
fortes de fujets. Rubens eftimoit beaucoup
la maniere du Caravage, quoiqu'il ne
l'ait point fuivie, il en avoit profité en
la mitigeant beaucoup. Il appelloit *fon
Maître* un Tableau de cet Artifte, qui eft
aux Dominicains d'Anvers.

Le Valentin a fuivi exactement le Caravage, & jamais Difciple n'a mieux imité fon Maître. Il faut pourtant remarquer que fes Tableaux ne font point auffi
noirs que ceux de l'Artifte Italien.

Le Caravage a réuffi dans le coloris,
fes couleurs locales font extrêmement recherchées. M. de Piles le loue de ce que

par une belle intelligence de lumieres, jointe à une exacte variété de teintes fondues les unes dans les autres, sans être corrompues, ni tourmentées par le pinceau, il a sçu donner une étonnante vérité à ses Ouvrages.

On trouvera toutes ces qualités avec éclat, dans les Ouvrages du Valentin, si l'on considére les quatre beaux Tableaux de lui, qui font exposés dans les Salons du Luxembourg. Le premier représente le Jugement de Salomon ; le second, Daniel confondant les Veillards ; le troisiéme, Judith tenant la tête d'Holopherne ; & le quatriéme, une Bohemienne disant la bonne avanture à un Cavalier. Il y a encore plusieurs Tableaux du Valentin, entr'autres, celui qui représente un Concert de Musique : comme il est un peu moins noir que le Caravage, & que les têtes en sont d'un vray admirable, on le prendroit pour un beau Guide de la premiere maniere.

Le Caravage a fort bien entendu le clair-obscur, ses Draperies sont vrayes : car il faisoit tout d'après nature ; mais elles sont mal jettées.

Le Valentin a connu, ainsi que son Maître, le clair-obscur, & l'a employé avec beaucoup d'Art ; ses Draperies, sans être d'un grand goût, sont mieux jettées que celles de l'Artiste Italien.

Le Caravage ne dessinoit jamais d'après l'Antique, il travailloit d'après les modéles que le hazard lui offroit ; c'est ce qui a rendu son Dessein d'un mauvais goût, n'ayant pas assez de sçavoir pour bien choisir & pour corriger la Nature. Il appelloit *ses Antiques*, les Gueux & les Mandians qu'il dessinoit. Quelqu'un lui montrant un jour des belles figures, voyez, dit-il, en montrant aux gens qui étoient avec lui, combien la Nature m'a donné de belles Antiques : en même tems il entra dans un Cabinet, & y peignit admirablement une Bohemienne.

Quoique le Valentin n'ait pas eu un goût de Deffein bien élégant & bien correct, il a cependant furpaffé fon Maître dans cette qualité ; c'eft ce qu'on peut voir dans le Tableau qu'il a peint dans l'Eglife de Saint Pierre de Rome, repréfentant le Martyre de Saint Protais & Saiht Martian, où il s'eft bien élevé, pour la nobleffe du Deffein, au-deffus du Caravage.

Ces deux Peintres, qui ont eu tant de reffemblance dans leur talens, en ont auffi dans leur mort, ayant fini leur jour tous deux d'une maniere funefte. Le Caravage, en retournant de Sicile à Rome, ayant été pris en débarquant pour un autre homme auquel il reffembloit, fût arrêté par les Gardes Efpagnoles, & conduit en prifon ; en reconnut qu'on s'étoit trompé, on lui donna la liberté ; il retourna au Bâtiment fur lequel il étoit venu, & trouva

qu'on lui avoit enlevé tout son bagage.
Accablé de chagrin il se remit en chemin,
pendant la plus grande chaleur ; il arriva
avec bien de la peine à *Porto Ercole*, où
la fiévre l'emporta âgé de quarante ans.

Le Valentin périt presque aussi misé-
rablement : comme il faisoit fort chaud,
il se baigna dans une Fontaine ; son sang
se figea, & peu de tems après son impru-
dence lui causa la mort.

Nous avons dit que le Guerchin suivit
toujours, ainsi que le Valentin, la maniere du Caravage ; nous remarquerons ici
que cet Artiste dessina beaucoup mieux
que son Maître & que le Valentin. De
tous les Peintres qui ont suivi exactement
le Caravage, aucun n'a eu autant de mérite, comme il est aisé de le voir par le
beau Tableau représentant le Martyre de
Sainte Pétronille, qu'il a peint dans l'Eglise de S. Pierre de Rome, & qui est, sans
contredit, un des plus beaux qu'il y ait dans
cette superbe Eglise.　　　　Riberie,

L'Espagnolet, qui peignit long-tems à Naples, suivit aussi la maniere du Caravage. Il s'est beaucoup plû à peindre des sujets tristes.

§. VI.

Guide (René) & le Poussin.

LE Guide fut d'abord Eleve des Caraches ; car ce qu'il avoit appris chez un nommé Denis Calvart Flamand, ne doit pas être mis en ligne de compte. Il fit de grands progrès sous la direction de Louis, ayant plus eû de goût pour lui que pour les autres Caraches : étant allé à Rome, il s'appliquâ à dessiner d'après les Ouvrages de Raphael, & suivit pour le coloris la maniere du Caravage ; mais dans la suite il la quitta, & il en prit une qu'il crut plus propre à plaire à tout le monde ; il se détermina à une maniere claire, que les Italiens appellent vague.

M

Il fit dans cette nouvelle maniere plufieurs fort beaux Tableaux, quoique plus foibles de couleur que ceux de fa premiere. Enfin s'étant accoutumé peu à peu à cette foibleffe, il négligea fes carnations. M. de Piles dit, *que les voulant faire plus délicates, il donna dans un gris, qui alla jufqu'au livide.*

Le Pouffin eut d'abord une maniere affez forte, & l'on remarque que fes premiers Tableaux font bien peints, d'un meilleur goût de couleur que les autres dans la fuite. Dans les commencemens de fa feconde maniere, il fit encore des Ouvrages affez bien coloriés ; mais dans les fuites il négligea totalement la couleur, il devint gris à un tel point, que fes Tableaux paroiffent fans force & fans effet : on peut voir dans les Tableaux que nous avons de lui à Paris, des preuves évidentes de la chûte de fon coloris par fon changement de maniere. Dans le Palais Royal

parmi un grand nombre de fes Tableaux,
on en voit quelques-uns de la premiere
maniere bien coloriés : il y a dans la premiere Sale du Luxembourg, où les Tableaux du Roi font expofés, trois Ouvrages faits dans les commencemens de fa feconde maniere, où il y a encore un refte
de couleur. L'un repréfente la Pefte ; l'autre, l'Enlévement des Sabines ; le troifiéme, la Manne dans le Défert. On aperçoit
que le Pouffin, en les peignant, avoit un
foible fouvenir des Ouvrages qu'il avoit
copiés d'après le Titien ; les Tableaux,
au contraire, qui font dans la feconde Sale font très gris ; l'un repréfente une Femme nue, couchée avec des enfans ; c'eft un
Bacanale ; & dans l'autre, le Peintre a
compofé le Triomphe de Flore.

Le génie du Guide n'étoit ni bien vif,
ni bien étendu ; il ne réuffiffoit pas également dans toutes fortes de fujets. Comme
il avoit plus de nobleffe, de douceur & de

M ij

grace, que de force & de fierté ; les fujets de Dévotion & de tendreffe lui con-
venoient mieux que les autres. Il a deffiné correctement & avec grace.

Le Pouffin avoit une vafte imagination,
qui lui fourniffoit en abondance des idées
fublimes pour tous les différens fujets. Il
a également traité le gracieux, le politique,
le tendre & le terrible ; on peut en voir
des preuves tous les jours dans les Tableaux
du Luxembourg, dont je viens de parler. Il
eft pourtant vray que fon génie le portoit
plutôt dans un caractére noble, mâle, févere, que dans le gracieux. Quant à fon
Deffein, il eft auffi beau & auffi correct que
celui de Raphael ; je n'ofe dire, que celui de
l'Antique. Je laifferai, fur ce fujet, parler
M. de Piles. *Il eft vray, dit-il, que le Pouffin
avoit tellement étudié toutes les beautés de
l'Antique, l'élégance, le goût, la correction,
& la diverfité des proportions ; les expreffions, l'ordre de Draperies ; les ajuftemens,*

la noblesse , le bon air de tête ; les manieres d'agir , la coutume des tems & des lieux ; & enfin tout ce que l'on peut voir de beau dans ces restes de Sculpture antique , que l'on ne peut assez admirer l'exactitude avec laquelle il en a enrichi ses Tableaux. Il auroit pû , comme Michel-Ange , surprendre le jugement du public ; celui-ci fit la Statue d'un Cupidon , & après en avoir cassé les bras qu'il retint , il enterra le reste de la Figure dans un endroit , où il sçavoit qu'on devoit fouiller ; & cet Ouvrage y ayant été trouvé , tout le monde le prit pour antique ; mais Michel-Ange ayant présenté à son tronc les bras qu'il avoit réservés , convainquit de prévention tous ceux qu'il avoit trompés ; on peut croire avec autant de raison , que si le Poussin avoit peint à fresque sur un morceau de muraille , & qu'il en eut retenu quelque partie , il auroit laissé facilement croire que sa Peinture étoit l'Ouvrage de quelque fameux Peintre de l'Antiquité.

M iij

Les airs de têtes du Guide sont aussi beaux que ceux de Raphael, soit par la correction du Dessein, soit par la finesse de l'expression. Un grand Connoisseur prétend que ce qui fait le mérite des têtes du du Guide, consiste non-seulement dans la régularité des traits, mais encore dans un air précieux qu'il a donné aux bouches, avec une certaine modestie qu'il a mise dans les yeux.

Le Poussin a vivement exprimé les passions de l'ame ; cependant on peut lui reprocher qu'il est souvent tombé dans des répétitions trop sensibles d'air de têtes & d'expressions. Il avoit contracté ce défaut par le peu de soin qu'il prenoit de consulter la Nature, qui est la source de la variété. C'est encore par cette raison, que le nud de ses Figures, sur-tout dans ses derniers Ouvrages, tient beaucoup de la Pierre peinte, & porte avec lui plutôt la dureté du Marbre, que la délicateſſe de la chair, qu'on doit, à l'exemple de Vandeick & des Rubens, peindre pleine de ſang & de vie.

Les Draperies du Guide ſont bien jettées, les plis en ſont amples ; il s'en eſt ſervi habilement pour groupper les membres de ſes Figures, ſoit dans les Tableaux où il a peint pluſieurs Figures, ſoit dans ceux où il n'en a fait qu'une : on peut en voir un exemple dans le Tableau de Sainte Cécile, gravé par Colemans dans le Cabinet de M. de Boyer d'Aiguilles.

Le Pouſſin a peint toutes ſes Draperies d'une même étoffe par tout, & les a ſeulement faites de différentes couleurs ; les plis qui y ſont en grand nombre, empêchent une noble ſimplicité, & reſſentent trop ceux des Figures antiques.

Le Guide a eu un pinceau divin : il y a deux petits Tableaux de lui dans les Salons du Luxembourg, qui ſont d'un fini auſſi précieux, que le pourroit être le Tableau Flamand le plus terminé ; mais ſes Tableaux ſont bien deſſinés d'une autre nobleſſe que ceux des Wander-Wert, & des autres Peintres de la même Ecole.

Le pinceau du Pouſſin eſt aſſez léger ; mais il n'a pas la molleſſe de celui du Guide.

Le Pouſſin a fait des Payſages d'un grand goût, ſoit par les ſites, ſoit par la vérité de terraſſes, ſoit par la variété des Arbres, & la légereté de leur touche ; quelques-uns ſont admirables par la ſingularité des ſujets qu'il y a fait entrer ; on peut en voir un de cet eſpéce dans le ſecond Salon du Luxembourg ; il repréſente le Déluge, & l'on croit véritablement apercevoir la Nature expirante, en ſorte que l'on peut dire que le Pouſſin a auſſi-bien peint dans les Payſages tous les effets de la Nature, que dans ſes Tableaux d'Hiſtoire, les paſſions de l'ame, & les divers mouvemens du corps.

Le Guide ne fit jamais de Payſages ; lorſqu'il étoit obligé d'en mettre quelques-uns dans ſes Tableaux, il les faiſoit faire par un autre Peintre.

Le Pouſſin & le Guide ont obſervé fort bien le *Coſtume* ; mais le Pouſſin, ſur-tout, a excellé dans cette partie.

Le Guide aima le jeu à la fureur, & cette paſſion fit le malheur de ſa vie, par le dérangement où elle le jetta. Le Pouſſin a vécu comme un Philoſophe.

§. VII.

Lanfranc & Vouet.

QUOIQUE Lanfranc ait été un grand Peintre, il a eu cependant dans ſon Art des parties défectueuſes. Ainſi ne pouvant m'empêcher de le blâmer dans pluſieurs choſes, je laiſſerai parler M. de Piles, & je ne ferai que joindre des exem-

ples aux décisions de ce grand Critique ;
j'indiquerai aux Lecteurs des Ouvrages, où
ils pourront aisément voir que la vérité
& la profonde connoissance se trouvent
également dans les jugemens de M. de
Piles. Il convient que Lanfranc avoit un
talent particulier pour exécuter de grandes
productions, & qu'il cherchoit à réunir
dans ses Ouvrages le dessein d'Annibal
Carache, avec la suavité du Corége, dont
il tâchoit même d'imiter la grace. Mais
M. de Piles ajoute, que Lanfranc ne sçavoit pas que la nature, qui est dispensa-
trice unique de la grace, *ne lui en avoit
accordé qu'une très-petite mesure.* Son génie, il est vrai, étoit capable d'embrasser de
grands Ouvrages, mais il n'étoit pas assez
attentif & assez délicat pour raisonner sur
lui-même, & pour s'appliquer à les terminer, & à leur donner la grace, qui est
la suite d'un goût épuré. C'est ce qui fait
dire à M. de Piles, que les grandes Com-

pofitions de Lanfranc font un grand fracas, mais que fi on en examine le détail, on n'y trouvera aucune expreffion, qui intéreffe ; citons deux exemples ici, qui autorifent cette décifion de M. de Piles. Il y a dans la premiere Sale du Luxembourg, un grand Tableau de Lanfranc, de fix piés neuf pouces de haut, repréfentant Jefus-Chrift, couronnant la Vierge, qui apparoît à Saint Ambroife & à Saint Auguftin. Toutes les expreffions des Figures de ce Tableau font froides, & les Figures elles-mêmes font difpofées d'une maniere affez triviales. Ce Tableau au premier coup d'œil fait affez d'effet, mais il ne foutient pas le détail. On voit parmi les Tableaux du Palais Royal, un grand Tableau, repréfentant une Annonciation. Il y a très-peu d'expreffion dans le vifage de la Vierge, & encore moins dans celui de l'Ange, que le Peintre a mis entiérement dans l'ombre. A ces deux exemples, qu'on

peut voir tous les jours à Paris, joignons-
en un autre pour ceux que l'amour de la
Peinture a conduits à Naples ; ils auront
remarqué fans doute, que, quoique les
têtes des douze Apôtres, que Lanfranc
a peints dans l'Eglife des Chartreux, foient
d'un grand caractere, elles ont cependant
peu d'expreffion.

Vouet a eu l'imagination vafte, & fon
génie n'étoit pas moins propre aux grandes compofitions, que celui de Lanfranc·
Il a peint à Paris un grand nombre de
Plat-fonds, & de grands Tableaux d'Eglife. Les Italiens, juges fi févéres du mérite des François, en trouvérent affez à
Vouet, pour l'employer fouvent pendant
le tems qu'il refta à Rome. On voit dans
cette Ville plufieurs de fes grands Tableaux ; il y en a même un de lui dans
l'Eglife de Saint Pierre de Rome ; & l'on
fçait affez que les Italiens n'ont fait, avec
raifon, travailler à la décoration de ce

fuperbe Temple, que les gens qu'ils ont
crû exceller dans leur Art. Le Tableau
de Vouet repréfente Saint Jean Chryfof-
tôme, Saint François & Saint Antoine de
Padoue ; il eft dans la Chapelle des Cha-
noines.

L'efprit vif & actif de Vouet l'a fouvent
fait tomber dans le défaut que M. de
Piles reproche à Lanfranc ; fes expreffions
font quelquefois très-foibles ; & plufieurs
de fes Tableaux, qui furprennent d'abord
par l'effet, perdent beaucoup dans le détail: En jugeant ainfi, je n'entends point
parler des Ouvrages qu'il a faits dans fa
premiere maniere ; car dans ceux-là il eft
expreffif, correct, & bon colorifte ; il eft
vrai que pour fa gloire il changea mal-à-
propos de maniere, comme nous le dirons
bientôt.

Lanfranc dans fes premiers Ouvrages
a eû un goût au Deffein, femblable à
celui de fon Maître; mais dans la fuite il

n'en conserva pas la correction : comme il n'étoit appuié que sur une pratique extérieure de la maniere d'Annibal Carache, après la mort de ce Maître il diminua toujours.

Vouet consulta pendant long-tems la Nature ; il deffina correctement, & ses difpofitions furent agréables ; mais dans la fuite, pour contenter ceux qui lui demandoient des Tableaux, & pour gagner davantage, il prit une maniere plus expéditive. Il devint maniéré dans ses contours, fur-tout dans les doits de ses Figures, qu'il fit trop pointus, & dans ses têtes, qu'il peignit prefque toutes de profil, pour avoir plutôt fait.

Le coloris de Lanfranc est très-médiocre : *Les teintes*, dit M. de Piles, *de ses carnations font triviales, & les ombres en font un peu noires.*

Tandis que Vouet conserva sa premiere maniere, il fût grand colorifte ; son goût tenoit du Caravage, & avoit beaucoup de force ; dans la fuite il eft tombé dans le gris.

Lanfranc a ignoré les principes du clair-obfcur ; M. de Piles dit, que s'il l'a quel-quefois mis en ufage, on voit bien que c'eft par hafard, & non par principe.

Vouet entendit très-bien le clair-obfcur, & tous fes Ouvrages montrent quelle étoit dans cette partie de fon Art fa pro-fonde connoiffance.

Vouet ramena en France le bon goût de la Peinture, qui, depuis Freminet, fembloit en avoir été banni. Il a eu la gloire d'avoir formé une partie des grands hommes, qui fe font diftingués dans la Peinture fous Louis XIII. & fous Louis XIV. ayant été le Maître de le Sueur, de le Brun, de Mignard, de Dufrenoy & de Louis Teftelin, qui mourut jeune, & dont on voit cependant de très-excellens Ta-bleaux dans l'Eglife de Nôtre-Dame.

§. VIII.

L'Albane & Antoine Coypel.

L'ALBANE avoit du génie, & il avoit orné son esprit par les Belles-Lettres; ses Tableaux sont pleins d'idées poëtiques.

Antoine Coypel, fils de Noel Coypel, dont nous avons parlé ci-dessus, avoit l'esprit très-orné; aussi voit-on dans ses Ouvrages, qu'il a parfaitement entendu la Poésie de la Peinture.

L'Albane a fait un grand nombre de compositions remplies de Figures, mais il n'a point assez varié ces airs de têtes; & M. de Piles lui reproche *d'avoir donné à presque toutes ses Figures, le même air & la même ressemblance*; il a fort bien dessiné en général: car il n'a pas toujours été correct, malgré qu'il fût sçavant dans le Dessein; l'on voit fort peu de grandes Figures de sa main. Antoine

Antoine Coypel a également réuffi dans les grandes & dans les petites Figures ; il a fait un nombre confidérable de grandes Compofitions ; il y a plufieurs Tableaux de lui dans les Eglifes de Paris ; il a peint une partie de la Chapelle de Verfailles, & plufieurs appartemens pour le Roi ; fon plus grand Ouvrage eft la Galerie du Palais Royal, il s'en faut bien que ce foit le meilleur, j'en excepte le Plat-fond, qui eft d'un goût admirable, foit par la couleur, foit par la *vagueffe*, foit par les airs de têtes gracieux, foit par la compofition. Antoine Coypel n'a pas moins bien réuffi dans les Tableaux de chevalet ; un des plus beaux qu'il ait fait, eft dans le Palais de *Sans Souci* ; les Figures font coloriées comme fi elles étoient de Rubens, & le Payfage femble être du Titien ; ce Tableau repréfente Renaud endormi dans les bras d'Armide ; le Roi de Pruffe l'a acheté dans la belle collection qu'il a faite

N

des Ouvrages des plus grands Maîtres François. On ne doit pas juger des Tableaux
de chevalet de ce grand Peintre, par celui qui représente Esther & Assuerus, qui
est exposé dans le Salon du Thrône au
Luxembourg ; ce Tableau n'est pas à l'abri
de la critique, & les défauts y sont mê-
lés avec les beautés.

Antoine Coypel a beaucoup mieux varié ses airs de têtes, que n'a fait l'Albane
dans ce grand nombre d'Ouvrages qu'il a
exécutés ; on en verra bien peu qui se
ressemblent.

On ne peut pas regarder l'Albane comme un Peintre qui se soit distingué par
l'expression ; je croirois assez volontiers
que ce n'est pas la connoissance qui lui a
manqué dans cette partie, mais l'occa-
sion ; n'ayant jamais peint que des sujets
guais dans la Fable, ainsi que dans l'Histoire ; il a même fait passer la guaité de
son génie, dans les sujets de dévotion

qu'il a traités. Il y a une Sainte Famille de
lui dans le Palais Royal, où l'on reconnoît combien l'Albane sçavoit répandre
de graces dans les sujets les plus simples.
la Vierge lave du linge dans un ruisseau ;
l'Enfant Jesus le donne à S. Joseph, &
deux petits Anges sont en l'air qui le font
fécher. M. de Piles me paroît un peu trop
févere à l'égard de l'Albane, dans ce qui
régarde la partie de l'expression ; *Les diffé-*
rentes passions, dit-il, qu'il a exprimées,
tendent presque toutes à la joye ; & ne sont
pas fort fines ; ainsi l'on peut dire que la
grace qui paroît dans ses Ouvrages, ne vient
pas si précisément de son génie, que de l'ha-
bitude de la main.

Antoine Coypel a eu beaucoup d'expression ; c'est ce qu'on peut voir par le Tableau qu'il a peint de Susane condamnée
à la mort. Il y a dans ce seul Ouvrage,
une vive image de toutes les différentes
passions de l'ame ; la douceur, le désef-

poir, la perfidie, le mépris, l'indignation,
& la pitié y paroiffent dans la plus grande
vérité; il n'en eft pas de même dans tous
les Tableaux de ce Peintre : car quoiqu'en
général on ne puiffe difconvenir, que fes
airs de têtes font expreffifs; il faut auffi
avouer qu'il a fait quelquefois grimacer
fes Figures, & qu'il a chargé fes caracté-
res des paffions pour les rendre plus expreffifs; c'eft ce que l'on voit dans les Tableaux de la Galerie du Palais Royal, où
parmi un nombre de belles têtes, il s'en
trouve plufieurs, dont les expreffions font
trop chargées; quelques-unes même de
fes têtes manquent de nobleffe; & ce qu'il
y a encore de plus condamnable, c'eft que
dans ce principal Tableau, qui repréfente
Enée dans les Enfers, accompagné de la
Sybile, la tête de ce même Enée eft d'un
caractére bas, & reffemble plutôt à celle
d'un Soldat de milice, qu'à celle d'un Hé-
ros, dont les Defcendans devoient être les

Maîtres du monde. Antoine Coypel a deſſiné correctement, & d'un goût gracieux ; on peut lui reprocher que quelquefois ſes Figures ne ſont pas aſſez ſveltes, & qu'elles ſont un peu trop chargées de Draperies ; donnons-en pour exemple la Figure d'Aſſuerus, dans le Tableau qui eſt au Luxembourg.

Le coloris de l'Albane eſt frais ; ſes carnations ſont de teintes ſanguines : M. de Piles prétend qu'elles ſont *peu recherchées* ; quant au clair-obſcur, le même Critique prétend qu'*il n'en a pas connu le principe ; mais le haſard l'y a conduit quelquefois.*

Antoine Coypel a bien colorié ; il entendoit fort bien le clair-obſcur, comme on peut le voir dans pluſieurs de ſes grands Ouvrages, & même dans ſes Tableaux de chevalet, où il l'a ſouvent employé en homme qui le connoiſſoit par principe.

N iij

§. IX.

Benedette & Desportes.

NOûs avons vû dans cet Ouvrage que les François avoient eu dans Claude Gelio, un Paysagiste, qui peut être comparé au Guaspre, ils ont dans Desportes un Artiste, dont le mérite peut justement être comparé à celui du Benedette. Cet Artiste Italien peignit, non-seulement les animaux, dont il avoit fait une étude particuliere, & qui entrent dans presque tous ses Ouvrages; mais il composa plusieurs sujets d'"Histoire, qu'il exécuta avec beaucoup de goût, & qu'il embellit par des Paysages qu'il faisoit parfaitement bien: il a peint aussi plusieurs Portraits, dans lesquels on reconnoît les leçons qu'il avoit prises de Vandeick, pendant que ce fameux Peintre Flamand étoit à Rome. Benedette a eu un bon coloris, il a mieux connu le clair-obscur, qu'aucun Peintre Italien, & en a fait un excellent usage, pour donner du relief à ses Tableaux, & il a dessiné de bon goût; cependant on peut lui reprocher que les extrêmités de ses Figures sont quelquefois un peu lourdes, comme on peut le voir dans la principale Figure du Tableau de ce Peintre, qui représente la Vanité, & qui est gravé dans le Cabinet de M. Boyer d'Aiguilles.

Desportes a excellé, ainsi que Benedette, à peindre des Animaux; il dessinoit aussi fort bien la Figure, & dans ses grands Tableaux de Chasse, il en a placé plusieurs, qui sont d'un très-bon goût. Il a peint plusieurs Portails, dans lesquels il a placé des Animaux qui sont beaux, & qu'on peut regarder comme des Histoires, ayant employé dans plusieurs, des sujets de la Fable; j'en ai vû un d'une Femme qu'il a peint sous l'emblême de Diane, accompagnée de deux

Nymphes fuivies de plufieurs chiens ; il y
a bien des Tableaux d'Hiftoire qu'on eftime, dans lefquels on ne trouve pas autant
d'effet & de poéfie de la Peinture. Defpor-
tes a parfaitement entendu les couleurs locales & la Perfpective Aërienne ; enfin il a
eu un mérite affez grand, pour que l'Angleterre & l'Allemagne fe foient ,empref-
fées d'avoir de fes Tableaux ; on en voit
beaucoup à Londres, à Vienne & à Mu-
nich ; l'Italie même, cette Italie fi envieufe
du mérite François, a voulu en poffeder,
& la Cour de Turin en a acheté plufieurs.

Ce feroit ici le lieu de parler du Sieur
Oudry, dont le mérite eft peut-être juftement comparé aux deux Artiftes dont nous
venons de louer les talens ; fes Tableaux
font l'admiration des Connoiffeurs ; mais
nous fuivons la loi que nous nous fommes
impofée ; & contens de remarquer en paf-
fant, qu'il mérite les plus grandes louanges,
nous n'en dirons rien de plus.

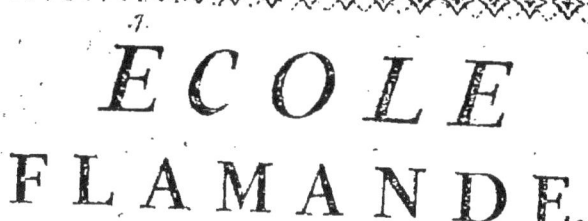

ÉCOLE FLAMANDE.

§. I.

Rubens & le Moine.

IL eſt peu de Peintres qui ayent eu un auſſi beau génie que celui de Rubens, ce grand homme étoit univerſel ; il a fait l'Hiſtoire, le Portrait, le Payſage, les Animaux, & il a tout fait d'une maniere ſuperieure ; on eſt étonné de voir le nombre des grandes compoſitions qu'il a exécutées ; car ſans parler de là Galerie du Luxembourg, qui contient vingt-deux grands Tableaux & trois Portraits en pieds, les Eglifes des Villes de Flandres, fur-tout celles d'Anvers, font enrichies par beaucoup de fes Ouvrages. Il y a dans la Galerie de Duffeldorf une collection très-nombreufe des Tableaux de Rubens, parmi lefquels un feul occupe tout le fond de la Galerie, il a plus de trente-fix pieds de haut, il repréfente le Jugement Dernier ; mais il eft compofé de façon à ne pas infpirer beaucoup de remors & de frayeur : car il eft rempli de Femmes nues, colorées admirablement ; & à la réferve de quatre ou cinq Figures, qui font au bas du Tableau, entre les mains des diables qui s'en faiffiffent, tout le refte femble plutôt un Banquet des Dieux, qu'un fujet de notre Religion, auffi grave & auffi important que celui que le Peintre a voulu repréfenter.

Le Roi & Monfeigneur le Duc d'Orleans, ont beaucoup de Tableaux de Rubens, la Cour d'Efpagne, celle de Vienne, en ont auffi une quantité confidérable. Il

y en a quatre, très-grands & très-beaux,
dans la Galerie du Château de Berlin;
beaucoup de Curieux en ont dans leurs
Cabinets. Quand on confidére cette quantité étonnante d'Ouvrages que Rubens a
exécutés, on ne doit pas être furpris qu'il
n'ait pas été correct : car quoique la Nature entraîna plus ce Peintre, que l'Antique; il ne faut pas croire qu'il n'ait pas
été très-fçavant dans la partie du Deffein.
M. de Piles remarque fagement, que fi
l'on blâme, comme il eft jufte, fon in-
correction, par tout où elle fe rencontre,
auffi-bien que certains emmanchemens de
fes membres qui font outrés; il faut cependant reconnoître, comme le font les perfonnes éclairées, que bien loin d'avoir ignoré
la partie du Deffein, il a fait paroître dans
le général de fes Ouvrages, qu'il avoit
beaucoup de connoiffance : *L'on voit*, ajoute
le même Critique, *dans la Ville de Gand*
un Tableau de fa main, repréfentant la chu-

te, des Damnés, où il y a près de deux cens Figures, deffinées d'un bon goût & d'une grande correction. L'efquiffe de ce Tableau a huit pieds de haut & fix de large; il eft dans la Galerie de Duffeldorf, & n'eft pas un des moins précieux; on peut s'en convaincre dans la Galerie du Luxembourg, que Rubens a deffiné d'un très-bon goût, lorfqu'il a voulu apporter quelque attention à fes Ouvrages. Il y a des Dieux & des Déeffes dans les Tableaux de cette Galerie, qui font deffinés avec beaucoup de délicateffe; on y voit entr'autre un Mercure, que les meilleurs Peintres de l'École Romaine ne défavoueroient pas; il eft vrai auffi qu'il faut convenir qu'il y a des Figures de Femmes, qui font deffinées d'une maniere exceffivement lourde; les trois Parques reffemblent à trois groffes Vivandieres, & la partie fupérieure des Sirenes eft auffi Flamande que la tête & la gorge de la plus groffe Cabaretiere d'Anvers.

Le Moine a eu l'imagination auffi vafte
que Rubens, il eft vray qu'il a moins fait
de Tableaux ; mais auffi a-t'il moins vécu :
cependant on peut voir combien fon génie
étoit étendu, par les grandes compofitions
qu'il a exécutées, foit dans le Chœur des
Jacobins du Faux-bourg Saint Germain,
foit dans le Dôme de la Chapelle de la
Vierge à Saint Sulpice : il eft fâcheux que
cette Coupole foit auffi-mal éclairée : pour
fupléer à ce défaut, le Moine n'auroit
peut-être pas mal fait de donner un peu
plus de grandeur à fes Figures, dont quelques-unes ne paroiffent pas affez, foit
par l'obfcurité, foit par l'élévation ; mais
le triomphe de cet Artifte, & peut-être
celui de la Peinture en France, c'eft le
Plat-fond du grand Salon qui eft à l'en-
trée des Appartemens de Verfailles, &
qu'on appelle communement le Salon
d'Hercule. Tous les Connoiffeurs con-
viennent de la beauté de cet Ouvrage,

& j'ai vû plufieurs fois les Partifans outrés de l'Italie, contrains d'avouer qu'il y avoit une noblefse infinie dans la compofition de ce vafte Plat-fond, que la couleur en étoit féduifante, & le Deffein à l'abri de la critique. Il eft vrai qu'avant d'en venir à cet aveu, ils faifoient la defcription du Plat-fond de la Sale du Palais Barberin, par Pierre de Crotone, qui véritablement eft beau : enfuite, après plufieurs fuperlatifs, employés à louer l'Artifte Italien, ils difoient avec un air mêlé d'étonnement : *Il eft vrai, nous n'aurions pas crû que cela fût fi beau.*

Le Moine n'a pas mieux deffiné que Rubens, lorfque ce Peintre Flamand a voulu foigner fon Deffein ; mais il a, fans contredit, auffi bien deffiné, & n'a jamais été inégal : ainfi en mettant la connoiffance du Deffein égale entre fes deux Artiftes, le François eft fupérieur au Flamand, parce qu'il ne s'eft jamais négligé.

Parler du coloris de Rubens, c'eſt le louer. Ses carnations ſont très-fraîches, chacune dans ſon caractére. On peut voir dans la Galerie du Luxembourg, comment chaque Figure eſt coloriée, ſelon ſon âge & ſon état : car c'eſt une choſe à laquelle manquent ſouvent même des Peintres qui ont du mérite ; ils obſervent trop peu la différence d'état, qui influe pour la cou-leur, autant que l'âge, & même beaucoup plus, ſur tout dans les hommes. Rubens n'a point trop agité ſes teintes en les mê-lant, de peur que venant à ſe corrompre, elles ne perdiſſent trop leur éclat ; d'ail-leurs la plûpart de ſes Ouvrages étant grands, & devant par conſéquent être vûs d'un peu loin, il a voulu y conſerver le caractére des objets, & la fraîcheur des carnations. Il eſt arrivé de-là que Rubens a ouvert à tous les Peintres, qui veulent l'étudier avec attention, le bon chemin du coloris, au lieu que le Titien le Tintoret & le Corége l'ont caché dans leurs Ouvrages par la grande fonte des couleurs.

Le Moine a fort bien colorié ; ses teintes sont d'une grande fraîcheur, & fondues avec beaucoup d'intelligence ; ses couleurs locales sont bien étendues ; on voit combien son coloris est attrayant dans le Plat-fond du Salon d'Hercule. Il a peint plusieurs Tableaux, qui semblent sortir de l'Ecole du Titien ; un entre autre, qui représente une Femme droite, qui se baigne, & qui est soutenue par une autre Femme, est admirablement colorié. Cependant nous remarquerons ici, que de même que Rubens n'a pas été égal pour le Dessein, de même aussi le Moine a quelquefois été inférieur à lui-même pour la couleur. Le Roi de Prusse a trois Tableaux de cet Artiste, représentant l'histoire de Psiché ; ils sont bien composé, & bien dessiné, mais colorié inférieurement à plusieurs autres Ouvrages

Ouvrages de le Moine.

M. de Piles donne la louange à Rubens, d'avoir porté la science du clair-
obfcur plus loin qu'aucun Peintre, & d'en
avoir fait fentir la néceffité : *Il a réduit,
dit-il, en précepte par fes exemples, le
moyen de plaire aux yeux ; il raffembloit
ingénieufement fes objets, à la maniere
d'une grappe de raifin, dont les grains
éclairés, ne font tous enfemble qu'une
maffe de lumiere, & dont ceux qui font
dans l'ombre ne font qu'une maffe d'obfcurité, en forte que tous les grains ne faifant qu'un feul objet, font embraffés par
les yeux fans diftraction, & peuvent être
en même tems diftingués fans confufion :
c'eft cet affemblage d'objets, de lumiere,
qu'on appelle grouppe ; & quelque grand
que fut le nombre des Figures qui entroient
dans la compofition de fon Tableau, on n'y
voioit jamais plus de trois grouppes, afin
que la vûë ne fut point diffipée par une*

O

multiplicité d'objets détachés & sensibles ;
mais il a toujours eu, dans cet artifice,
le principe de le cacher, & il n'y a que
ceux qui sont instruits de ces principes,
qui puissent s'en appercevoir.

Le Moine a connu le principe du clair-
obscur, & il en a senti la nécessité ; aussi
voit-on qu'il s'en est servi dans tous ses
grands Ouvrages ; mais il semble quelquefois l'avoir moins fait valoir dans
quelques-uns de ses Tableaux de chevalet.

Rubens mourut à Anvers, d'une goute
remontée, comblé d'honneur & de biens.
Le Moine se tua lui-même, & se perça
de neuf coups d'épée, dans un accès de
frénésie, causée par une noire mélanco-
lie, dont il étoit attaqué depuis quelques
années, il n'avoit pourtant aucun sujet
véritable de chagrin : car le Roi l'avoit
accablé de biens & d'honneurs, après

qu'il eut peint le Salon d'Hercule, Louis XV. le nomma son premier Peintre, & ajouta une pension de trois mille livres à l'ancienne qu'il avoit déja.

Parmi plusieurs éléves qu'a eu Rubens, Vandéick a été le plus illustre ; il en a eu deux autres qui ont eu beaucoup de mérite, Ténieres & Jordans : ce dernier n'avoit ni la noblesse ni le génie de son Maître ; mais il avoit plus d'expression & plus de vérité que lui, & il a même colorié quelquefois avec plus de vigueur ; ce qui paroît comme inconcevable, lorsqu'on réfléchit sur le mérite supérieur de Rubens dans la partie de la couleur. J'ai vû vingt fois, avec une admiration toujours nouvelle, dans les Galeries de Dusseldorf, un Tableau de Jordans, qui brille au milieu d'un nombre d'Ouvrages de Rubens, & qui paroît mériter le prix, par la force & par la vérité. Ce Tableau représente des Hommes & des

Femmes qui font à Table & qui boivent ; il y a un homme qui manie le menton d'une femme : la Nature n'eft pas plus vraye.

Le Moine a laiffé deux Eleves qui fe diftinguent aujourd'hui par leurs talens fupérieurs ; l'un eft M. Natoire, Deffinateur élégant & même fublime ; Compofiteur ingénieux, & qui vient d'éternifer fa mémoire, par les grands Ouvrages qu'il a peints dans la Chapelle des Enfans trouvés. L'autre, eft M. Boucher, génie univerfel, qui raffemble dans lui les talens du Guafpre & ceux de Paul Veronefe ; gracieux dans tous fes Ouvrages, joignant la correction à la facilité, & choififfant dans la Nature, fes plus gracieux airs de têtes, qu'il varie toujours avec une nouvelle grace.

§. II.

Krayer & Puget.

LEs Flamans se plaignent que nos Auteurs qui ont écrit de la Peinture, n'ayent pas fait l'éloge de Krayer, qu'ils regardent, avec raison, comme un des plus grands hommes qu'ils ayent eus; le reproche qu'ils nous font à ce sujet, n'est pas tout-à-fait sans fondemens : car il est naturel que des Écrivains, qui parlent des grands Peintres d'un Pays, s'informent exactement de tous ceux qui s'y sont distingués; ils devroient même, pour être plus exacts, voyager dans ce Pays, & fonder leur jugement sur ce qu'ils ont vû par leurs yeux, sans se rapporter au jugement des autres : cependant on peut dire, pour excuser nos Auteurs, que Krayer n'ayant presque fait

que de grands Tableaux qui font dans
les Eglifes, ou dans les Bâtimens publics;
les François qui n'ont jamais vu de ces
Tableaux, font excufables, de ne pas lui
donner toutes les éloges qu'il mérite.
Krayer a deffiné d'un affez bon goût, &
je crois, que dans cette partie, il n'y a
guéres en Flandre, que Rubens & Vandeick, qu'on puiffe mettre au deffus de
lui. Il a compofé avec beaucoup d'intelligence : on voit dans la Galerie de
Duffeldorf un grand Tableau de lui, qui
a plus de vingt pieds de haut; l'Electeur
l'acheta foixante mille livres des Moines
à qui il appartenoit. Rubens n'a rien
fait de plus beau : dans le haut de ce
Tableau, on voit une Vierge foutenue
par des Anges, qui font admirablement
grouppés; au milieu, Saint André eft
appuyé fur fa Croix, qui admire la gloire de la Mere de Dieu; il y a encore
quelques autres Saints, qui font dans le

même contemplation ; le bas du Tableau est occupé par les Portraits du Bienfaiteur de l'Eglise des Moines, par ceux de son frere & de sa femme, qui sont tous les trois peints au pied, & un peu plus grands que Nature. Il y a dans ce Tableau, une intelligence admirable, soit pour le clair-obscur, soit pour le coloris, soit pour la disposition des Figures ; les têtes sont d'une grande beauté, & l'on regarde cet Ouvrage comme un des plus beaux de cette superbe Galerie. On conserve à Bruxelles, deux Tableaux du même Peintre, dont tous les Flamans font avec raison, un très-grand cas ; l'un est dans la Salle des Pêcheurs, & représente Saint Pierre qui jette les filets, avec plusieurs autres Pêcheurs : ce Tableau est regardé comme le Chef-d'œuvre de ce Peintre ; le second est dans une Chapelle de la belle Eglise de Sainte Gudule.

Les Flamans se plaindroient moins con-

tre nos Écrivains François , & sur-tout
contre le dernier Auteur de la Vie des
Peintres, s'ils sçavoient qu'ils ont négligé de faire mention d'un de nos Artistes,
dont le mérite fût pour le moins aussi
grand que celui de Krayer ; c'est Puget,
dont je veux parler, qui a peint des Tableaux admirables. Il y en a plusieurs dans
les Eglises de Marseille : presque tous
les Peintres qui vont à Rome à l'Académie, & qui en reviennent, les admirent & en conservent un profond sou-
venir ; on ne peut donc pas ignorer qu'ils
existent à Paris ; pourquoi donc les Auteurs qui y écrivent la Vie des Peintres,
ne parlent-ils pas de ce grand homme?
S'ils prétendent que c'est parce qu'on doit
se ranger parmi les Sculpteurs ; je leur
demande pourquoi ils ont parlé amplé-
ment de Michel-Ange ? Ils repondent que
c'est parce que Michel-Ange étoit Peintre
& Sculpteur : il faut donc par la même

raifon, qu'ils placent Puget au rang des grands Peintres. L'habile Connoiffeur, qui a fait la Defcription des Tableaux du Cabinet d'Aix, a judicieufement re-marqué les grands talens que Puget eut pour la Peinture. Je rapporterai ici le jugement qu'il porte de ce grand homme. *Le célébre Puget, femblable à Michel-Ange, mais plus naturel & plus délicat, a réuni les talens de la Peinture, de la Sculpture & de l'Architecture ; il ne s'eft pas contenté d'animer le Marbre, & de le rendre, pour ainfi-dire, auffi fléxible que la chair même, lorfque les occafions fe font préfentées : il a décoré des Palais, & il a paru alors un grand Architecte : d'autres fois il a confié à la toile des idées impo-fantes ; il a peint des Tableaux qu'on ne fe laffe point d'admirer ; dans celui-ci Puget laiffe apercevoir combien fon efprit étoit rempli de ce qu'il avoit vû dans Ro-me : car les ruines du Frontifpice d'un Tem-*

ple qui occupent le fond de son Ouvrage, sont une imitation d'une ruine presque semblable, qui se trouve au pied du Capitole. J'ai copié ce passage, parce qu'il s'y trouve un fait historique, dans lequel on s'est trompé : car Puget n'a jamais été à Rome ; c'est une chose certaine, & qu'il est très-aisé de vérifier, parce que tous ses parens & ses héritiers sont encore vivans à Marseille. Puget vécût en Provence sans en sortir, jusqu'au tems qu'il vint à Paris, conduit par le Bernin, qui, frappé de la beauté de ses Ouvrages, le tira de l'obscurité où il avoit vécu jusqu'alors. Cet Italien, en voyant les Armes de la Maison de Ville de Toulon, demanda qui étoit le grand homme qui les avoit faites : on lui repondit que c'étoit un Sculpteur qui vivoit à Marseille. Quoi, s'écria le Bernin, vous avez un homme de ce mérite, & la Cour ne l'employe pas ? Je veux le connoître. Le Bernin alla à Marseille,

& voyant plusieurs autres beaux Ouvrages de Puget, il l'amena avec lui à Paris, & le présenta au Ministre. Sans le Bernin, tout le mérite de Puget ne lui eut servi de rien ; il eut passé sa vie à faire des Vierges pour les Eglises de Marseille & des Villages circonvoisins, ou des Statues pour les Jardins de quelques Négocians. Après que Puget eut fait le Milon de Crotône, & l'Androméde, qui sont, sans contredit, les deux plus belles Figures de Versailles, il retourna en Provence, pour regler ses affaires. M. de Colbert l'avoit chargé de faire plusieurs modéles, Puget les exécuta ; mais lorsqu'il retourna à Paris, M. de Colbert étoit mort ; M. Louvois, qui n'avoit pas pour les Arts le même goût que M. de Colbert, ne récompensa pas assez bien Puget ; celui-ci mécontent du Ministre, retourna dans sa Patrie, & y ayant la plus grande réputation, des Marchands Génois, qui demeuroient à Marseille, lui procurerent les Figures qui sont à Genes, dans l'Eglise de *Ponte Carignan* ; il devoit en faire quatre, mais il ne put en exécuter que deux, qui sont admirables, même au jugement des Italiens. La mort interrompit pour toujours les excellens travaux de ce grand Artiste. Quant à ses Tableaux, il les a presque tous peints, avant d'aller à Paris, & dans un tems, où il étoit aussi connu en France, que le Corége l'étoit en Italie, tandis qu'il vécût.

Puget a dessiné d'un excellent goût, & bien supérieurement à celui de Krayer ; il a fait les Paysages fort bien, & les a ornés d'Architecture ; quant au Frontispice du Temple, qu'on croioit qu'il avoit vû à Rome, c'est M. d'Aiguilles qui le lui fit mettre dans ce Tableau, que Puget peignit pour le Cabinet de ce Sçavant Magistrat ; on y voit encore une Vierge, qui a les graces de celle du Corég ge ; cet Ouvrage eſt gravé, ainſi que l'autre, dans le Recueil des Tableaux du Cabinet de M. de Boyer d'Aiguilles, connu , parmi les Artiſtes, ſous le nom de *Cabinet d'Aix.*

Le coloris de Puget, ſans être auſſi beau que celui de Krayer, eſt pourtant fort bon ; ſes couleurs locales ſont vrayes, & il entendoit fort bien le clair-obſcur.

J'ai été bien aiſe de placer ici que Puget n'avoit point été à Rome, pour montrer d'une maniere plus convaincante , ce que j'ai déja établi au commencement de cet Ouvrage. On verra actuellement, que de même que le Sueur a pû égaler Raphael ſans ſortir de ſa Patrie, & laiſſer bien loin tous les Peintres François qui ont été en Italie ; de même auſſi, le meilleur Sculpteur François que nous ayons eu, & qui réunit en lui toutes les grandes qualités de Michel - Ange , qui eſt encore plus naturel & plus délicat que lui, au jugement de M. Mariette le plus grand Connoiſſeur de l'Europe: de même, dis-je, ce fameux Sculpteur ne ſortit jamais de ſa Patrie, que pour aller placer dans une Egliſe de Genes, deux Statues de ſa façon. Nous avons encore aujourd'hui, parmi nos Sculpteurs vivans, un homme d'un mérite ſupérieur, c'eſt M. le Moine, qui n'a jamais quitté la France.

Ce ſeroit ici le lieu de parler de tant d'habiles Sculpteurs que nous poſſédons aujourd'hui. M. Bouchardon, dont nous avons déja fait l'éloge, & qui égale les Puget & les Bernin. Les Étrangers, ainſi que les François, reconnoiſſent le mérite de le Moine, des deux Adams, de Michel-Ange Slodts, de Pigalle, tous ces habiles gens ont acquis l'eſtime des Connoiſſeurs, & s'aſſurent l'immortalité, par leurs excellens Ouvrages, tandis qu'en Italie, à peine y a-t-il un Sculpteur aujourd'hui, qui soit au rang des Artistes médiocres; c'est encore pis dans les Pays-Bas, où la Sculpture est aussi tombée que la Peinture.

---

§. III.

Rimbrant & de Troie le Pere.

IL ne faut pas, dit M. de Piles, chercher dans les Ouvrages du Rimbrant ni les corrections du dessein, ni le goût de l'Antique. Il disoit lui-même que son but n'étoit que l'imitation de la nature vivante, ne faisant consister cette nature que dans les choses telles qu'il les voyoit. Il avoit de vieilles armures, de vieux instrumens, de vieux ajustemens de têtes, quantité de vieilles étoffes ouvragées, & il disoit que c'étoit-là ses antiques. Il est arrivé de l'étude de toutes ses prétendues antiques que Rimbrant n'a eu ni pensées véritablement poétiques, ni élégance de Deffein, & s'il en a quelquefois relevé la baffeffe, M. de Piles remarque, que *n'ayant aucune pratique de la belle proportion, il eft retombé facilement dans le mauvais goût auquel il étoit accoutumé.*

De Troie le pere a eu beaucoup de nobleffe ; il a fait un excellent choix de fes formes, & a deffiné très-correctement.

Rimbrant a colorié d'une maniere admirable ; fes couleurs locales fe font valoir les unes & les autres ; fes carnations font vraies fraîches, & toujours propres aux fujets. Son pinceau paroît raboteux de proche ; mais à une certaine diftance, il a une force & une fuavité furprenante. C'eft ce qui fit dire un fort bon-mot à Rimbrant. Quelqu'un lui reprochant un jour la fingularité de fa maniere d'empâter les couleurs, qui rendoient fes Tableaux raboteux ; il répondit qu'il étoit Peintre, & non pas Teinturier. Rimbrant a poffedé la connoiffance

noiſſance du clair-obſcur dans la perfection, & il s'en eſt ſervi de la façon la plus
avantageuſe dans ſes Ouvrages.

De Troie a eu des expreſſions infiniment
plus fines que celles de Rimbrant, qui n'a
excellé que par un grand naturel dans cette partie; ce fameux Artiſte François a
joint à un grand fini, un pinceau délicat
la beauté, la force & l'harmonie du coloris; ſes Draperies ſont peintes d'un très-
bon goût, ſans avoir ce trop grand éclat
que l'on a reproché à celles de Rigaud, &
qui nuiſent toujours au repos de la tête;
il a connu le clair-obſcur, & il a ſçû
l'employer avantageuſement.

Rimbrant a peint pluſieurs Tableaux
d'Hiſtoire; ſes contours ne ſont point corrects; mais l'on trouve dans les têtes des
Figures, le même eſprit que l'on voit dans
ſes Portraits, en ſorte que chaque coup
de pinceau donne aux parties du viſage un
caractère de vie & de vérité, qui fait ad-

P

mirer la main qui les a donné avec tant
d'ame & tant de hardieſſe ; au reſte les compoſitions de Rimbrant n'ont rien d'élevé ; mais ce qui les fait valoir, eſt la parfaite imitation des objets.

On peut, ſans flatter de Troie, le regarder comme un bon Peintre d'Hiſtoire ;
car quoiqu'il ait, fait ainſi que Rimbrant ,
infiniment plus de Portraits , que de Tableaux d'Hiſtoire , on en voit cependant pluſieurs de lui, d'une grande beauté , & dans leſquels on retrouve les mêmes excellentes qualités que dans ſes Portraits;ce Peintre a exécuté des Ouvrages hiſ-
toriques, d'une étendue conſidérable ; c'eſt
ce qu'on peut voir dans les Tableaux qu'il
a peint dans l'Hôtel de Ville, & dans l'E-
gliſe de Sainte Géneviéve ; & l'on peut
dire qu'il a donné une preuve qu'il avoit
un très-beau génie , & bien au-deſſus,
pour l'allégorie , & la partie de la Peinture , de celui de Rimbrant.

§. I V.

Téniéres & Wateau.

DAVID Téniéres, appellé *le Vieux*, parce qu'il étoit le pere de David Téniéres surnommé *le Jeune*, peignit, ainsi que son fils, de petites Figures qui lui acquirent beaucoup de réputation ; cependant son fils l'a surpassé, soit dans la légéreté de sa touche, soit dans l'expression de ses petites Figures.

Ces deux Peintres ont représenté ordinairement des sujets de Buveurs, de Tabagies, des Boutiques de Chimistes, des Corps-de-Gardes, plusieurs Tentations de Saint Antoine, & des Fêtes de Villages.

Wateau eut beaucoup d'imagination ; il coloria bien : son pinceau est coulant, sa touche légere, ses airs de têtes ont beaucoup de vérité, son Paysage est bien traité ; il n'a presque peint que des Bambochades, & n'a jamais rien fait de férieux, qui mérite l'eftime des Connoiffeurs ; fon talent confiftoit à repréfenter des Bals, des Scènes de Théatre, & des Fêtes champêtres ; & les habillemens de fes Figures font toujours comiques.

Wateau a bien deffiné ; quelquefois cependant il a fait fes Figures un peu trop longues, pour avoir voulu les rendre fveltes : bien différent en cela de David le Jeune, qui les a faites trop courtes.

Teniéres & Wateau ont eu beaucoup d'Imitateurs, & ont malheureufement été les principaux Auteurs d'un goût, qui tôt ou tard détruira le feul, qui foit digne des véritables Connoiffeurs. On voit aujourd'hui, à la honte des Arts & des talens, de prétendus Amateurs de la Peinture, former des Cabinets nombreux de petits Tableaux Hollandois, qu'ils achetent à un prix exceffif, quoiqu'il n'y ait pour tout mérite dans ces Tableaux, qu'une fervile imitation d'une nature baſſe, qui n'offre à l'eſprit que des images incapables de lui faire naître les idées mâles & ſubli-mes que les grands Peintres d'Hiſtoire communiquent à ceux qui examinent at-tentivement leurs Tableaux. D'ailleurs preſque tous ſes Tableaux péchent par le Deſſein ; & dans ceux mêmes qui ſont corrects, il y a toujours un goût qui ſe reſſent de la maniere Hollandoiſe, lourde & peſante. Quel eſt l'homme, dont le goût ſoit véritablement épuré, qui ne ſoit per-ſuadé qu'il n'y ait rien de ſi contraire à la perfection de la Peinture, que cette manie-re de groteſque & de bambochade, qui éloigne entiérement l'eſprit de la nobleſſe ſi néceſſaire à l'Hiſtoire ſacrée & profane, qui accoutume le Peintre a des compoſi-tions ignobles, qui ſont plus dignes de l'admiration des idiots que des vrais Con-noiſſeurs? On imite, il eſt vrai, la nature ; mais cette nature eſt outrée, comique,

théatrale, habillée chimériquement. On
n'y trouve point dans les draperies les
grands plis ; dans le deſſein, les belles
proportions de l'antique ; & dans les airs
de tête, la nobleſſe d'expreſſion. Mais,
dira-t'on, de même qu'un homme de goût
aime la Tragédie & la Comédie, de même
auſſi un véritable Connoiſſeur peut ſe
plaire aux Tableaux d'Hiſtoire & aux
Bambochades ; je réponds à cela, que
cette comparaiſon eſt vicieuſe ; car il faut
regarder en Peinture, les ſujets galans de
la Fable & de l'Hiſtoire, comme la Comédie au Théatre ; mais les Bambochades ne peuvent être conſidérées que comme de miſérables farces ; & le goût outré
de ces ſortes de Tableaux eſt auſſi mauvais
que celui de ces ridicules Parades, que de
miſérables Baladins jouent à la Foire, qui
ſont imitées aujourd'hui avec tant d'em-
preſſement par des gens, dont le génie eſt
auſſi borné que l'eſt celui de ceux qui ſont

les infipides adorateurs de toutes ces ridicules repréfentations grotefques, plus dignes
d'orner les *Eflaminets* & les Caffés Hollandois, que les Cabinets des véritables
amateurs de la Peinture.

Au refte en déclamant contre le goût
des Bambochades, je ne veux point prof-
crire entiérement ces fortes de Tableaux
des Cabinets des Curieux, pourvû qu'ils
n'y occupent que peu de place ; on peut
en avoir quelques-uns ainfi que dans un
Parterre de Fleurs, celles qui font les
moins belles, trouvent cependant leur place, & fervent même à fon embelliffe-
ment, en augmentant la variété ; ce n'eft
donc pas contre l'ufage d'avoir quelques
Tableaux de Bambochades que je me re-
crie, mais contre celui d'en former de
grands Cabinets entiers, à l'exclufion des
Ouvrages des grands Maîtres Italiens &
François. Eh ! quel eft le véritable Connoiffeur qui ne gémiffe & ne regarde le

goût comme détruit, lorfqu'il voit payer
un Tableau de Wander-Wert, dix mille
francs, dans lequel le Deffein eft foible,
la carnation reffemblante à de l'yvoire;
tandis qu'on donne à peine cent écus d'un
Tableau de Caze, dans lequel on trouve, avec la correction du Deffein, un
pinceau admirable, & un bon goût de
couleur? Quel eft l'homme, qui s'intéreffe à la gloire des Arts en France, qui
ne doive chercher à faire rougir ceux,
qui ayant au milieu d'eux des Peintres,
comme les Carles Van-Loo, les Reftout,
les Boucher, les Natoire, affectent de leur
préférer les Ouvrages de quelques Artiftes,
qui à peine auroient fçû copier & mettre
en place une Académie de ces grands hommes? Ce que j'avance ici, eft très-vérita-
ble; car tous ces Deffinateurs de petites
Figures font déforientés & perdus, dès
qu'il leur faut faire une Figure d'une certaine grandeur. On voit un exemple de

cette vérité bien frappant, dans un Tableau que l'Electeur Palatin a fait peindre
à Wander-Wert, dont il payoit si chérement les talens médiocres. Ce Tableau représente une Femme nue de grandeur humaine, dessinée très-foiblement, pour ne
rien dire de plus, coloriée d'un goût au-
dessous du médiocre, & peinte sans force
& sans clair-obscur.

§. V.

Vandeick.

ON a fouvent demandé, & l'on demande encore tous les jours, quel a été le plus grand Peintre. Pour moi je crois, fans balancer, que c'eft Vandeick. Mon amour pour ce grand homme n'eft fondé fur aucun préjugé. Je ne fuis ni fon Compatriote, ni fon Contemporain; ainfi ce font uniquement fes talens, qui me déterminent à le placer au-deffus de tous les Peintres Italiens, François & Flamands. Je conviens qu'il y a eu quelque Peintre dans chacune de ces trois Nations, qui a plus excellé dans quelques parties de la Peinture, que Vandeick; mais ce même Peintre a péché dans plufieurs autres; au lieu que Vandeick a poffédé toutes les parties de la Peinture à un très-haut dégré:

par exemple, Raphael a deſſiné avec plus d'élégance & de correction que Vandeick, il a eu un génie plus vaſte ; mais Vandeick a deſſiné d'un très-bon goût. M. de Piles dit, que *le deſſein de ſes Têtes & de ſes Mains eſt de la derniere perfection ; & par*lant de ſa maniere de deſſiner les Figures, il ne fait pas difficulté d'aſſurer que ſes Tableaux d'Hiſtoire *tiennent rang parmi ceux des Peintres de la premiere claſſe dans l'eſtime des Connoiſſeurs.* Quant au génie, ſi Vandeick ne l'a pas eu auſſi ſublime que Raphael, il l'a eu cependant fort étendu, & il a fait de très-grandes compoſitions d'un goût admirable. C'eſt ce qu'on peut voir dans un nombre conſidérable de ſes Tableaux, dont les Egliſes des Païs-Bas ſont enrichies, & ſur-tout dans le grand Ouvrage qu'il a peint pour le Maître-Autel des Jeſuites d'Anvers ; ce Tableau repréſente l'Aſſomption de la Vierge, & contient plus de quatre-vingt

Figures; c'eſt, ſans contredit, le plus beau du monde. C'eſt-là où l'on voit combien Vandeick l'emporte ſur Raphael, pour la couleur, pour le pinceau, pour le clair-obſcur, pour la force, pour la vérité du détail dans les Têtes, pour la fraîcheur des carnations, pour la beauté du Payſage.

Le Titien a fait de beaux Portraits; mais Vandeick en a fait qui ne lui cédent point : d'ailleurs les Mains de ceux du Flamand ſont beaucoup mieux deſſinées que celles de l'Italien, d'un bien plus beau caractère, & les plis de ſes Draperies mieux diſpoſés.

Les Tableaux d'Hiſtoire des bons Peintres Vénitiens ſont parfaitement coloriés; mais ils péchent tous, comme nous l'avons remarqué, par le Deſſein, & par le Coſtume. Les beaux Tableaux d'Hiſtoire de Vandeick ſont exemts de ces défauts; & les Flamans ont eu raiſon d'appeller Vandeick, le Rubens épuré. Enfin, je ne trouve point de Peintre qui ait rassemblé à la fois toutes les grandes parties de la Peinture, ainsi qu'a fait Vandeick, dans ses excellens Ouvrages ; (car il faut convenir qu'il s'en faut bien qu'ils soient tous de la même force ;) mais quant à ceux où il a déployé tous ses talens, ils sont, sans contredit, supérieur aux Tableaux des autres Peintres, puisqu'il sont absolument exempts de tous les défauts qu'on trouve dans ces Tableaux. Presque tous les Peintres pensent ce que je soutiens ici ; mais ils n'osent l'avouer hautement, parce qu'ils craignent de heurter des préjugés contraires à leurs sentimens. Ils ressemblent à certains Critiques modernes, qui pour n'avoir rien à démêler avec les Admirateurs outrés des Anciens, n'osent pas mettre Moliere au-dessus d'Aristophane, & Racine à côté d'Euripide.

On trouvera peut-être à redire que je n'aye pas fait mention dans cet Ouvrage de plusieurs Peintres Italiens, & de quelques Flamans, qui ont eû du mérite. Je réponds à cela, que mon dessein n'a pas été d'écrire la Vie des Peintres, mais de faire un paralléle des Principaux des différentes Ecoles. Ce n'étoit pas la disette où je me serois trouvé d'opposer des Peintres François aux Etrangers, qui m'a fait agir de même ; car j'avois encore un nombre considérable d'Artistes célébres parmi mes Compatriotes, dont je n'ai fait aucun usage, parmi lesquels on doit placer Perier, Stella, la Hire, du Frenoy, Blanchet, Loir, le Févre, Monoyer, Forest, Corneille, Parocel, Hallé, Bertin, Trémoliere, Verdier, le Weughel.

Je n'ai point fait mention de la Rose-Alba, parce que je n'ai pas parlé de Mademoiselle Cheron, qui s'est distinguée en France par les Portraits à l'huile, ainsi que cette Italienne s'est acquis une grande réputation par ceux qu'elle a faits au Pastel.

Au refte nous poffédons aujourd'hui un Artifte, qui eft infiniment fupérieur dans l'Art de peindre au Paftel, à tous les Peintres qui l'ont précédé, & qui vivent aujourd'hui; c'eft le célébre la Tour, dont les Portraits ont la force & la vérité de ceux du Vandeick.

F I N.

Corrections & Changemens.

PAGE 8. lig. 17. les Sainte-Palaye.
20. l. penult. étudier.
29. l. 19. l'exigent.
35. l. penult. Françoise.
42. l. dern. faisoit.
55. l. 14. ayent.
56. l. 11. chaque.
59. l. penult. Costume.
62. l. ant-pen. Laocoon.
78. l. 2. elles.
106. l. 19. Dessein.
108. l. 13. ce Prince de la couleur.
121. l. 11. entre autres.
124. l. 12. négligeoit.
199. l. penult. peinte.
202. l. 14. saisissent.
208. l. penult. composés, dessinés, coloriés.
216. l. 18. le ranger.
220. l. 11. aussi peu connu.

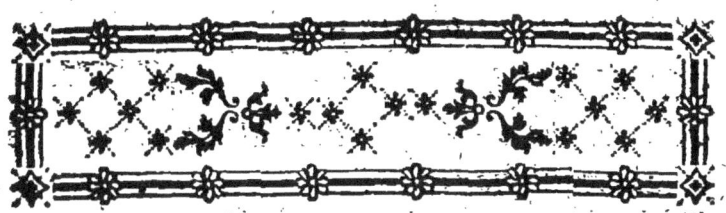

TABLE
DES MATIÉRES.

ÉCOLE FLAMANDE.

Fin de la Table.

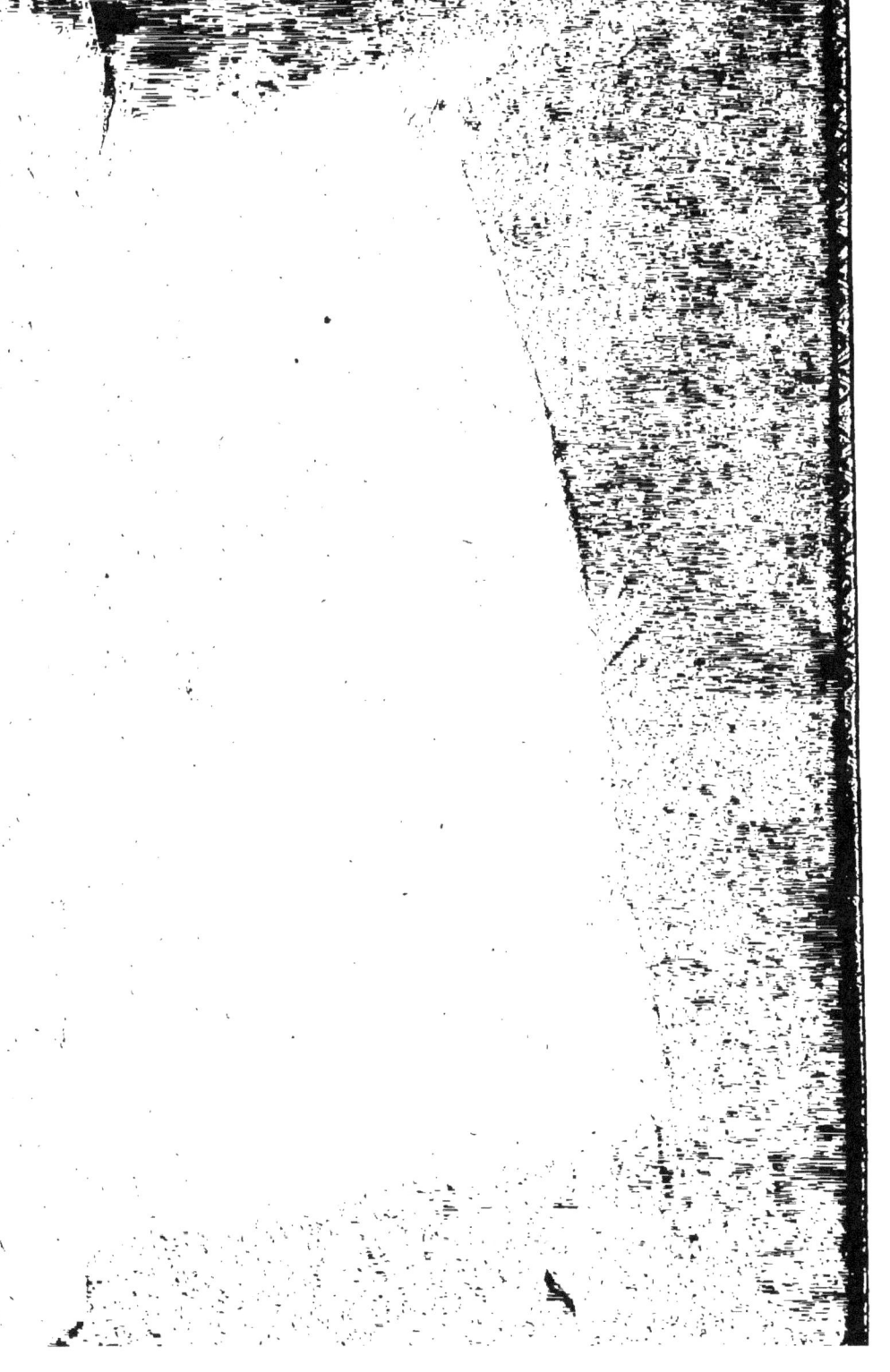

www.ingramcontent.com/pod-product-compliance
Lightning Source LLC
Chambersburg PA
CBHW071634220526
45469CB00002B/607